철학적
시 읽기의
괴로움

철학적 시 읽기의 괴로움
사랑과 자유를 찾아가는 유쾌한 사유

초판 1쇄 펴낸날 2011년 9월 30일	
초판 13쇄 펴낸날 2025년 4월 1일	

지은이 강신주	**편집** 이정신 이지원 김혜윤 홍주은 이심지
일러스트 오승만	**디자인** 김태호
펴낸이 이건복	**마케팅** 임세현
펴낸곳 도서출판 동녘	**관리** 서숙희 이주원

만든 사람들
편집 구형민 **디자인** 이석운 최윤선

인쇄·제본 영신사 **라미네이팅** 북웨어 **종이** 한서지업사

등록 제311-1980-01호 1980년 3월 25일
주소 (10881) 경기도 파주시 회동길 77-26
전화 영업 031-955-3000 편집 031-955-3005 팩스 031-955-3009
홈페이지 www.dongnyok.com 전자우편 editor@dongnyok.com
페이스북·인스타그램 @dongnyokpub

ⓒ강신주, 2011
ISBN 978-89-7297-660-8 (03100)

- 각 장에 인용된 시 전문은 '한국문예학술저작권협의회'와 출판권을 가진 출판사를 통해 저작권자의 동의를 얻어 수록했습니다. 출간 당시 저작권자 확인이 안 되어 허가를 받지 못한 작품은 추후 확인이 되는 대로 해당 저작권자의 동의를 얻겠습니다.
- 잘못 만들어진 책은 바꿔 드립니다.
- 책값은 뒤표지에 쓰여 있습니다.
- 이 도서의 국립중앙도서관 출판시도서목록(CIP)은 e-CIP홈페이지(http://www.nl.go.kr/ecip)와 국가자료공동목록시스템(http://www.nl.go.kr/kolisnet)에서 이용하실 수 있습니다. (CIP제어번호: CIP2011003728)

철학적 시읽기의 괴로움

사랑과 자유를 찾아가는 유쾌한 사유

강신주 지음

동녘

들어가는 글

　당혹스런 일이었습니다. 아파트 10층 현관문 앞에 도착한 순간, 나는 절벽을 마주보는 듯한 느낌이 들었습니다. 컨디션이 좋지 않은 채로 산에 갔다 온 탓일까요. 현관문 앞에서 도무지 문을 열 수 있는 암호가 떠오르지 않는 겁니다. 휴대전화기를 찾았지만 주머니나 배낭 안에서 찾을 수가 없었습니다. 능선 산행을 할 거라 휴대전화기를 집에 두고 나왔다는 사실을 때늦게 기억하게 됐습니다. 암릉을 기어오를 때 여간 귀찮은 것이 아니기 때문이지요. 그러니 당혹스러운 상황에 가족에게 전화도 할 수 없게 된 겁니다. 심지어 휴대전화기에 저장된 가족의 번호마저도 헛갈립니다. 매번 저장된 번호를 기계적으로 눌러왔기에 번호가 도통 떠오르지 않는 겁니다.

　진퇴양난이란 이런 상황을 두고 하는 말일 겁니다. 그렇지만 용기를 내서 주민등록번호, 생일 등등 내가 비밀번호로 쓰고 있는 모든 번호를 입력해봅니다. 그러나 잠금장치는 전혀 반응을 보이지 않습니다. 더군다나 암호를 한두 번 잘못 입력하면, 몇 분간 입력도 되지 않는 첨단 도어록이라는 사실을 이때서야 확인할 수 있었습니다. 암호는 갑수록 오리무중에 빠지고, 당혹감은 나를 더 옥죄기 시작했습니다. 내 집인데 들어갈 수 없다는 것, 그리고 아무에게도 연락을 할 수 없다는 것.

불현듯 카프카Franz Kafka, 1883~1924의 소설, 《성Das Schloss》이 떠올랐습니다. 주인공은 당혹스런 상황에 처하게 됩니다. 성에 들어가려고 하면 성에서 자꾸만 멀어지고, 성을 벗어나려고 하면 어느 사이엔가 성이 눈앞의 뿌연 안개 속에서 등장하기 때문이지요. 나는 엘리베이터를 타고 집을 벗어나 인근 편의점을 찾았습니다. 다행히 호주머니에 잔돈이 조금 있었습니다. 커피를 마시면서 애써 집과 현관문의 암호를 잊으려고 애썼습니다. 늪에 빠진 현관문 암호가 저절로 떠오르기를 기다리면서 말입니다.

얼마 지나지 않아 나는 진짜 집과 암호에 대한 생각을 잊게 되었습니다. 철학자 아도르노Theodor Adorno, 1903~1969의 이야기를 음미하고 있었기 때문입니다. 그의 주저 《부정변증법Negative Dialektik》에 등장하는 구절이었을 겁니다. "대상을 인식한다는 것은 자물쇠들을 여는 것과 같고, 그 열림은 하나의 개별적인 열쇠나 번호가 아니라 어떤 번호들의 배열에 의해 이루어진다"라는 취지의 생각이었지요. 그렇습니다. 모든 것은 특정한 암호로 열리는 자기만의 고유한 문을 가졌는지도 모릅니다.

편의점에서 커피를 마시며 이런저런 상념에 젖어들었습니다. 시인과 철학자를 포함한 모든 진지한 인문 저자들은 저마다 고유한 문의 암호를 잃어버린 사람들 아닐까요? 그러니 암호를 찾아내려고 필사적으로 노력할 수밖에 없었던 겁니다. 이제 느낌이 오시나요? 시집과 철학책들은 모두 특정한 문을 열 수 있는 암호와 같다는 사실을 말입니다. 시인과 철학자들은 다른 사람들이 알려주는 암호를 아무리 입력해도 열리지 않는 문 앞에서 당혹스런 경험을 했던 겁니다. 괴테Johann Wolfgang von Goethe, 1749~1832의 책 《젊은 베르테르의 슬픔Die Leiden des jungen Werthers》을 읽고 그들은 사랑에 대해 잘 알게 되었다고 자신했습니다. 그렇지만 막상 실제로 사랑에 빠졌을 때, 그들은 알게 된 겁니다. 베르테르의 사랑으로는 결코 사랑하는 사람의 마음을 열 수 없다는 사실을 말입니다. 그러니 그들은 탄식하며 절규할 수밖에 없었던 겁니다. "도대체 사랑이 뭐지? 어떻게 해야 그녀의 마음을 열 수 있지?" 그들은 사랑이란 문을 열 수 있는 암호를 잃어버린 겁니다. 그렇다고 절망만 하고 있을 수도 없습니다. 바로 그 순간, 사랑의 암호는 그들에게 사활을 건 문제이기 때문이지요.

 삶에서 만나는 다양한 사물과 사건들, 그리고 소중한 모든 가치에 대해 우리는 얼마나 알고 있을까요? 바뀌기 이전에 통용되던 암호를 떠올리며 항상 문을 열 수 있다고 자신하는 것은 아닐까요? 막상 살아가다 보면 어떤 문도 열지 못하는 나약한 상태라는 것을 종종 깨닫게 됩니다. 주체적인 삶을 살아가려면 암호를 스스로 만들어내야만 합니다. 다른 사람이 알려주는 암호로는 우리가 들어가고 싶은 문을 통과할 수 없기 때문입니다. 그래서 우리보다 먼저 암호를 다양하게 배열해서 문을 열려고 했던 작가들의 분투는 매우 중요한 가치를 갖습니다

다. 우리와 유사한 삶의 조건을 공유하는 시인과 철학자들은 더욱 그렇습니다. 그들이 어떻게 막다른 골목에 이르렀는지, 그리고 그 골목을 어떤 식으로 벗어나려고 했는지를 살펴보는 것만으로도 우리는 많은 것을 배울 수 있습니다. 그렇지만 가장 중요한 교훈은 그들처럼 우리도 사물이나 사건, 혹은 가치에 들어갈 수 있는 문의 암호를 잃어버렸다는 자각 아닐까요? 그것을 자각할 때 비로소 잠금장치의 숫자를 다시 신중하게 배열하려는 의지와 용기가 나올 수 있을 테니까요. 삶은 남의 제스처로는 살아낼 수 없다는 것. 오늘 바로 이 순간 우리가 깊이 되새겨야 할 가르침은 바로 이겁니다.

2011년 8월
광화문에서
강신주

차례

- 들어가는 글 · 004
- 프롤로그 · 012

chapter 1
사랑이란 험난한 길, 히스테리와 강박증을 넘어 · 이성복과 라캉

1 진정한 사랑을 찾아 헤매는 시인 · 027
2 우리는 금지된 것을 욕망한다 · 032
3 히스테리와 강박증 사이에서 · 037

chapter 2
돈으로 매개되는 세속 도시의 냉담한 삶 · 최승호와 짐멜

1 대도시의 삶을 차갑게 응시한 시인 · · · · · · · · · · · · · · · · · · · 048
2 자본주의 혹은 완성된 종교 · 052
3 돈을 경배할수록 사물의 차이에 둔감해진다 · · · · · · · · · · · 057

chapter 3
차이의 포용 혹은 여성성의 문화 · 문정희와 이리가레이

1 유방암 검사를 받으며 · 066
2 여성의 몸과 감수성, 그리고 차이의 문화를 위하여 · · · · · 069
3 여성의 감수성을 표현할 수 있는 언어를 만들자 · · · · · · · · 076

chapter 4
그리스도의 정신 혹은 해방신학적 전망 · 고정희와 시몬 베유

1 주여, 이제는 여기에 · 088
2 불행한 이웃을 사랑하라 · 093
3 진짜 돈, 진짜 밥, 진짜 사랑을 위하여 · · · · · · · · · · · · · · 099

chapter 5
그저 덮을 수밖에 없는 타자 · 김행숙과 바흐친

1 내가 당신을 안은 것인가요, 아니면 당신이 나를 안은 것인가요? · · · · · 109
2 나의 유일성과 대체 불가능성을 가르쳐주는 타자 · · · · · · · · · 113
3 너무도 심오한 포옹의 의미 · 120

chapter 6
미디어가 매개하는 우리의 사랑 · 채호기와 맥루한

1 섹스, 그 근본적 소통의 세계를 찾아서 · · · · · · · · · · · · · · · 130
2 차가운 미디어와 뜨거운 미디어 · · · · · · · · · · · · · · · · · · · 134
3 미디어가 매개하는 인간의 삶과 감각 · · · · · · · · · · · · · · · 139

chapter 7
진정한 자유인의 길 · 신동엽과 클라스트르

1 불가능한 꿈을 통해 삶을 직시한 시인 · · · · · · · · · · · · · · · 151
2 구름 한 송이 없는 맑은 하늘을 본 사람들 · · · · · · · · · · · · 156
3 우리는 새빨간 알몸이 될 수 있는가 · · · · · · · · · · · · · · · · 165

chapter 8
사랑이란 내밀한 세계 · 한용운과 바르트

1 고요한 호수에 파문을 일으킨 한 송이 연꽃 · · · · · · · · · · · · · · · · · 175
2 님의 침묵에서 사랑의 담론으로 · 179
3 님과 나 사이의 격정적인 침묵 · 184

chapter 9
역사 앞에서 부끄럽지 않는 방법 · 김정환과 마르크스

1 역사는 흐르는 강물이 아니다 · 194
2 대상적 활동이 없다면 역사도 없다 · 199
3 그럼에도 희망을 가져야 하는 인간의 숙명 · · · · · · · · · · · · · · · · 204

chapter 10
너무도 풍요로운 감각의 세계 · 백석과 나카무라 유지로

1 란과 자야, 그리고 나타샤 · 211
2 공통감각의 논리 · 216
3 촉각 혹은 체감의 세계를 찾아서 · 222

chapter 11
글쓰기와 존재의 관계 · 김종삼과 블랑쇼

1 바흐와 브람스를 좋아했던 시인 · 232
2 바깥과 관계하는 방법 · 237
3 타자에게 죽음을 부여할 수밖에 없는 글쓰기의 숙명 · · · · · · · 242

chapter 12
대중문화의 유혹을 거부하며 · 함민복과 기 드보르

1 시각적 세계에 갇힌 시인의 발버둥 · 252
2 스펙타클에 포획된 우리의 삶 · 256
3 구경꾼에서 활동하는 주체로 · 262

chapter 13
저주받고 배척되는 삶을 긍정하기 · 황병승과 보드리야르

1 처음을 희망했던 우리 시대 젊은 시인 · · · · · · · · · · · · · · · · · 276
2 중심이 해체되었을 때 드러나는 풍경 · · · · · · · · · · · · · · · · · 281
3 저주받은 채로 혹은 배척된 채로 · 287

chapter 14
자유와 한계의 변증법 · 허연과 카뮈

1 반항이란 푸른 유리 조각을 가슴에 품은 시인 · · · · · · · · · · 295
2 반항하지 않는다면 나는 아무것도 아니다 · · · · · · · · · · · · · 299
3 나는 반항한다, 그러므로 우리는 존재한다 · · · · · · · · · · · · · 305

- 에필로그 · 312

프롤로그

· 1 ·

라흐마니노프Sergei Rachmaninoff, 1873~1943를 아시나요? 그렇다면 그의 《피아노 협주곡Piano Concerto》 제2번과 제3번을 기억하실 겁니다. 러시아의 작곡자이자 뛰어난 피아니스트이기도 한 그의 연주는 나뿐만 아니라 많은 사람들의 마음을 뒤흔듭니다. 바닥없이 추락하는 절망에서 희망으로 비상하는 감동을 주니까 말입니다. 라흐마니노프를 몰랐던 시절, 내게 그의 《피아노 협주곡》 제2번과 제3번을 들어보라고 권했던 아름다운 여인이 있었습니다. 라흐마니노프를 굉장히 좋아해서 그런지, 혹은 내가 라흐마니노프 음악도 들어보지 않았다는 사실이 안타까워서인지, 그녀는 시간을 내 직접 라흐마니노프 음악 연주회에 나를 데리고 갔습니다. 연주회가 시작되기 전 좌석에 나란히 앉았을 때, 그녀는 내게 라흐마니노프의 음악에서 자신이 느꼈던 감동을 전하려고 무던히도 애를 썼습니다. 설레는 마음으로 자신의 애인을 소개시켜주는 처녀처럼, 그녀는 달뜬 표정으로 이야기를 이어갔습니다.

마침내 연주가 시작되었습니다. 그녀는 라흐마니노프 음악의 비장한 선율에 빠져들기 시작했습니다. 나랑 같이 연주회에 있다는 사실마저 잊은 것처럼 말이지요. 음악에 '집중'하는 그녀의 모습은 무척 매력적이었습니다. 화려하기도 하고 때로는 비장하기도 한 라흐마니노프의 음악이 연주회장을 가득 채우고 있었습니다. 그녀는 음악을 들으면서 눈을 감았다 뜨기를 반복했습니다. 눈을 감고 듣다가 어떤 선율에서는 양미간을 찡그리곤 했습니다. 같이 듣고 있었지만 나는 그녀가 왜 그런 감정적 반응을 보이는지 이해할 수가 없었습니다. 물론 그렇다고 해서 당시 내가 라흐마니노프 음악으로부터 전혀 감동을 받을 수 없었다는 말은 아닙니다. 단지 그녀처럼 라흐마니노프를 '깊이' 느낄 수 없었을 뿐입니다. 연주가 끝난 뒤 나는 어느 부분이 좋았냐고 물어보았습니다. 그렇지만 그녀는 전체적으로 좋았다고만 이야기할 뿐, 자신이 어느 부분에서 더 감동을 받았는지 말하지는 못했습니다.

당연한 일이지요. 집중은 자신을 떠나서 관심을 가진 무엇인가로 건너가는 상태니까 말입니다. 영어로 관심이나 흥미를 뜻하는 'interest'라는 단어를 아시나요? 사실 이 단어는 '사이'를 뜻하는 라틴어 '인테르inter'와 '존재함'을 뜻하는 '에쎄esse'로 이루어진 말입니다. 그러니까 '사이에 존재함'으로써 'interest'는 나와 타자 사이에 존재하게 되는 상태를 의미합니다. 그렇습니다. 집중은 바로 내가 나와 어떤 타자 사이에 머물러 있는 상태를 말합니다. 집중의 상태는 완전히 나로 머물러서도 안 되고, 그렇다고 해서 완전히 타자로 건너가서도 안 됩니다. 전자의 경우라면 집중은 불가능할 수밖에 없습니다. 상념에만 매몰되어 있다면, 우리는 음악은커녕 상대방의 이야기조차 들을 수 없기 때문이지요. 후자의 경우라면 집중은 일종의 최면이나 환각 상태로 변질됩니다. 집중해야 하는 주체, 즉 '내'가 존재하지 않기 때문이지요.

그녀는 라흐마니노프 음악에 집중했습니다. 그렇지만 그 순간 그녀는 결코 자신이 라흐마니노프의 《피아노 협주곡》에 '깊이'가 있다고 생각하지 않았을 겁니다. 사실 라흐마니노프 음악에 깊이가 있다고 느낀 것은 그녀가 아니라 나입니다. 단지 그녀는 집중하고 몰입하고 있었을 뿐이지요. 그녀뿐만 아니라 무엇인가에 집중하는 사람들에게서 우리는 헤아릴 수 없는 깊이를 느끼게 마련입니다. 이제 역으로 말해도 좋을 것 같네요. 여러분이 깊이가 있다고 느끼는 모든 사람들은 무엇인가에 집중하는 사람들이라고 말이지요. 그래서 '집중'과 '깊이', 이 두 상태는 동전의 양면인지도 모를 일입니다. 이제 우리는 알게 되었습니다. 집중하는 사람에게서 느껴지는 깊이의 비밀을 말입니다. 그는 자신의 내면을 깊게 파고드는 사람이 아니라, 반대로 세계의 무엇인가로 열려 있는 감수성을 가진 사람이었던 겁니다.

· 2 ·

이름 모를 꽃이 가득 피어 있는 길을 걸어본 적이 있나요? 상념에 빠져 그냥 지나쳤다면 꽃들과 길에 대해 어떤 감흥도 일어나지 않았을 겁니다. 만일 그렇지 않고 잠시 걸음을 멈춰 한 송이 꽃에 집중할 수 있었다면, 여러분은 그 꽃을 상세하게 묘사할 수 있습니다. 오직 응시와 집중만이 사물에 대한 섬세한 묘사를 가능하게 만드는 법이니까요. 나아가 사물을 통해 자기 자신에 대한 이해에 이르는 시적 감수성도 기적처럼 솟구쳐 오르게 될 겁니다. 언젠가 질 것이기에 더욱 찬란하기만 한 꽃을 노래할 수도 있고, 아니면 꽃을 통해 자신과 이웃의 삶을 예견할 수도 있습니다. 지하보도를 그냥 지나치지 마세요. 버려진 종이상자로 작은 집을 만들어 그 속에 누에고치처럼 들어가 잠을 청하고 있는 노숙자의 삶을 응시해보세요. 당신도 겪어내고 있는 자본주의적 삶을 묘사할 수 있는 기회가 될 테니까 말입니다. 꽃을 묘사하면서 자신을 되돌아보는 것처럼, 노숙자를 응시하고 묘사하다 보면 자본주의로부터 상처받고 있는 자신의 삶도 명료하게 들어올 겁니다.

자신이 직면하게 된 사람이나 사물 혹은 사건에 고강도로 집중할 때, 우리는 그로부터 발생하는 내적인 동요를 묘사하고 이야기할 수 있는 준비를 갖춘 셈입니다. 그래서 집중은 자기만의 표현과 묘사, 즉 고유한 스타일을 낳는 동력이라고 할 수 있습니다. 그렇기 때문에 위대한 시인이나 철학자들의 글은 읽기가 힘든 겁니다. 너무나 난해하고 추상적인 이야기를 해서가 아닙니다. 오히려 그들은 자신이 집중하고 있는 것을 자기만의 생각과 감정으로 묘사하고 있기 때문입니다. 그러니까 너무나 구체적이고 개성적이기 때문에, 바꾸어 말한다면 내가 그 작가가 아니기 때문에, 그들의 글을 이해하기 힘든 겁니다. 위대한 시나 철학의 비밀이 바로 여기에 있습니다. 표면적으로 그들은 아주 높은 곳으로 비상해서 모든 것을 관조할 수 있는 것처럼 보입니다. 그렇지만 이것은 불가피한 착시효과에 불과합니다. 그들은 바로 자기 자신의 삶으로 하강해서 자신의 느낌과 생각을 있는 그대로 표현하는 데 성공한 사람들이기 때문입니다.

　시인이나 철학자들은 모든 사람들이 공유할 수 있는 것을 이야기한 것이 아니라, 자기만이 느끼고 생각한 것을 이야기한 겁니다. 이제 느낌이 오시나요? 삶이 묻어나는 가장 구체적이고 생생한 표현이 가장 어렵다는 사실, 그리고 자기만의 생각을 이야기한 것들이 가장 어렵다는 사실을 말입니다. 《잃어버린 시간을 찾아서A la recherche du temps perdu》에서 프루스트Marcel Proust, 1871~1922도 말했던 적이 있습니다. "단 하나의 세계가 아니라 몇백만의 세계, 인간의 눈동자와 지성과 거의 동수인 세계가 있고, 그것이 아침마다 깨어난다"고 말입니다. 그렇지만 대부분의 사람들은 자기만의 세계를 잃어버리고 있습니다. 권력이나 자본 혹은 관습이 강요하는 공통된 색안경을 끼고 자기의 세계를 살아갑니다. 한마디로 말해 자기만의 제스처가 아니라 남의 제스처로 삶을 영위하고 있다는 겁니다. 그러니 항상 삶이 우울하고 무거울 수밖에 없지요. 자기 옷이 아닌 남의 옷을 입고 사니까 말입니다.

　시인이나 철학자들은 자기 몸에 맞는 자기만의 옷을 만들어 입는 데 성공한 사람들입니다. 그들은 한 사람이 태어나는 순간 하나의 세계가 탄생한다는 사실을 알았던 사람들이라고 할 수 있습니다. 이제 우리는 그들의 시와 철학을 읽는 이유를 확인할 수 있게 되었습니다. 그것은 다른 데 있는 것이 아니라, 마치 자신의 삶을 정직하게 응시하는 친구들과 대화를 나누는 것과 같습니다. 그들로부터 제스처를 배워서 그것을 흉내 내서는 안 됩니다. 그들과 헤어진 뒤, 우리는 다음과 같이 각오를 다져야만 합니다. "아! 저 친구는 저렇게 자신의 삶과 그로부터 발생하는 감정과 생각에 집중하는구나. 나도 그래야지. 이제 더 많이 내 감정과 생각을 돌아봐야겠다." 이제 시인이나 철학자들을 선생님이나 정신적 멘토로 숭배하지 마세요. 그들이 남긴 시나 철학을 만고불변의 진리로 여겨 외우려고 해서도 안 됩니다. 중요한 것은 여러분의 삶이니까 말입니다. 여러분이 느끼고 고민했던 것을 있는 그대로 표현하도록 노력하세요. 언젠가 여러분도 자기만의 삶을 긍정하고 그것을 표현할 수 있는 시인이나 철학자가 되어 있을 테니까 말입니다.

· 3 ·

인문학은 다른 학문과는 달리 '고유명사'의 학문입니다. 수많은 시인과 철학자들은 자기만의 목소리로 무엇인가를 노래하거나 논증합니다. 그들의 시와 철학에는 유사성은 있지만 공통점이라고는 찾을 수가 없습니다. 김수영의 시와 신동엽의 시, 그리고 바흐친의 철학과 바르트의 철학이 유사하지만 미묘하게 차이가 나는 이유가 바로 여기에 있습니다. 모든 시인과 철학자는 자기만의 목소리를 내는 데 성공한 행복한 사람들입니다. 수많은 시인과 철학자들의 궁극적 유사성은 바로 그들이 자기만의 제스처와 스타일을 완성했다는 데서 찾을 수 있습니다. 그래서 그들의 시와 철학을 읽는다는 것은 우리도 그들처럼 자기만의 목소리를 내려고 노력한다는 것을 의미하는 겁니다. 이것이 바로 인문정신의 소망입니다. "다른 누구도 흉내 내지 말고 자신의 삶을 자신의 힘으로 영위하고 그것을 표현하라!" 그렇습니다. 모든 사람이 각자의 삶에서 자유와 기쁨을 얻도록 도울 수 있다는 것, 이것이 우리에게 인문학이 필요한 유일한 이유일 겁니다.

　우리에게 김수영이라는 시인이 있었다는 사실은 기적에 가까운 행운이라고 해야 할 것 같습니다. 그는 단순히 시인이기보다 인문정신이 무엇인지를 온몸으로 보여준 사람이기 때문입니다. 1964년에 집필한 〈요동하는 포즈들〉이란 시평에서 김수영은 이렇게 강조했습니다. "거짓말이 없다는 것은 현대성보다도 사상보다도 백배나 더 중요한 일"이라고 말이지요. 거짓말이 없다는 것은 물론 자신의 삶과 감정, 그리고 생각에 진실하다는 것을 의미합니다. 한마디로 남의 제스처를 흉내 내지 않는다는 것이지요. 이런 정신은 1953년에 쓴, 비교적 초기 작품에 속하는 〈달나라의 장난〉에서도 분명히 드러나고 있습니다.

　　팽이가 돈다
　　어린아이고 어른이고 살아가는 것이 신기로워
　　물끄러미 보고 있기를 좋아하는 나의 너무 큰 눈앞에서
　　아이가 팽이를 돌린다

살림을 사는 아이들도 아름다울 듯이

노는 아이도 아름다워 보인다고 생각하면서

손님으로 온 나는 이 집 주인과의 이야기도 잊어버리고

또 한번 팽이를 돌려주었으면 하고 원하는 것이다

도회 안에서 쫓겨 다니는 듯이 사는

나의 일이며

어느 소설보다도 신기로운 나의 생활이며

모두 다 내던지고

점잖이 앉은 나의 나이와 나이가 준 나의 무게를 생각하면서

정말 속임 없는 눈으로

지금 팽이가 도는 것을 본다

그러면 팽이가 까맣게 변하여 서서 있는 것이다

누구 집을 가보아도 나 사는 곳보다는 여유가 있고

바쁘지도 않으니

마치 별세계같이 보인다

팽이가 돈다

팽이가 돈다

팽이 밑바닥에 끈을 돌려 매이니 이상하고

손가락 사이에 끈을 한끝 잡고 방바닥에 내어던지니

소리 없이 회색빛으로 도는 것이

오래 보지 못한 달나라의 장난 같다

팽이가 돈다

팽이가 돌면서 나를 울린다

제트기 벽화 밑의 나보다 더 뚱뚱한 주인 앞에서

나는 결코 울어야 할 사람은 아니며

영원히 나 자신을 고쳐가야 할 운명과 사명에 놓여 있는 이 밤에

나는 한사코 방심조차 하여서는 아니 될 터인데

팽이는 나를 비웃는 듯이 돌고 있다

비행기 프로펠러보다는 팽이가 기억이 멀고

강한 것보다 약한 것이 더 많은 나의 착한 마음이기에

팽이는 지금 수천 년 전의 성인(聖人)과 같이

내 앞에서 돈다

생각하면 서러운 것인데

너도 나도 스스로 도는 힘을 위하여

공통된 그 무엇을 위하여 울어서는 아니 된다는 듯이

서서 돌고 있는 것인가

팽이가 돈다

팽이가 돈다

— 김수영, 〈달나라의 장난〉

1953년 어느 날, 김수영 시인은 돌아가는 팽이를 봅니다. 그리고 팽이에게서 자신의 삶, 혹은 우리 인간의 삶을 직감합니다. 아무리 기세

등등하게 돌고 있어도 팽이는 언젠가는 멈추게 마련입니다. 어차피 멈출 것을 왜 돌고 있는지 의아스럽기만 합니다. 그래서 시인은 슬픕니다. "팽이가 돈다/팽이가 돌면서 나를 울린다." 그렇지만 시인은 압니다. 팽이는 오직 돌 때에만 팽이일 수 있다는 사실을 말입니다. 팽이의 목적은 돌기를 멈추고 바닥에 누워 있는 것이 아닙니다. 팽이는 돌기 위하여 존재하는 겁니다. 그래서 시인은 스스로 채찍질해야만 한다고 각오를 다집니다. "영원히 나 자신을 고쳐가야 할 운명과 사명"을 의식하고 있었으니까 말입니다. 그렇지만 팽이는 다른 팽이가 돌도록 도움을 줄 수 없습니다. 팽이놀이를 해본 분은 알겠지만, 돌고 있는 팽이가 다른 팽이와 부딪치면 둘 중 하나는 바닥에 내동댕이쳐져 멈추게 됩니다. 다른 팽이의 운동을 따라 하다가 스스로 멈추는 팽이처럼 우리도 스스로 돌면서 아름다운 궤적을 만들어가야만 합니다. "너도 나도 스스로 도는 힘을 위하여/공통된 그 무엇을 위하여 울어서는 아니 된다"는 시인의 말처럼 "생각하면 서러운" 일이지만, 어쩌겠습니까? 이것이 바로 자유로운 인간의 숙명인 것을 말입니다.

· 4 ·

2010년에 출간한 《철학적 시 읽기의 즐거움》은 기대했던 것 이상으로 많은 분들의 사랑을 받았습니다. 그중 가장 기억에 남는 것은 한 독자가 내 책에서 받은 인상을 토로했던 대목입니다. "시인은 그것이 무슨 씨인지도 모른 채 씨를 뿌리고 지나갑니다. 시간이 흘러 그 씨앗들이 다양한 꽃을 피우겠지요. 그러면 철학자가 뒤따라가면서 시인이 뿌린 씨가 어떤 꽃의 씨인지를 하나하나 알려줍니다." 이처럼 위로가 되는 평가가 또 있을까요? 고맙습니다. 나를 더 기쁘게 했던 것은 내가 다루었던 시인의 시집들이 과거보다 조금이나마 독자들의 관심을 받았다는 점입니다. 매우 다행스러운 일이고, 스스로 뿌듯하게 여기는 부분이기도 합니다. 그 와중에 나는 예기치 않은 투정에 시달려야 했습니다. 그것은 자신이 좋아하는 시인을 다뤄줄 수 없느냐는 독자들의 바람이었습니다. 여기에 편승해서 기다렸다는 듯이 출판사 편집자들도 내게 압력을 넣습니다. 마침내 나는 홍대 근처 상상마당에서 철학과 놀기 13기 강좌를 시작했습니다. "철학과 시가 부르는 사유의 노래"라는 제목으로 말입니다. 상상마당 아카데미의 꽃, 아름다운 매니저 한나 씨가 붙여준 매력적인 제목이지요.

《철학적 시 읽기의 즐거움》을 본 독자들이 수강을 신청하는 경우가 많았습니다. 그렇지만 그 책의 부록처럼 강의를 하고 싶은 생각은 별로 없었습니다. 비록 강의가 《철학적 시 읽기의 즐거움》의 속편일지라도, 그 자체로 완결된 하나의 세계이기를 원했기 때문입니다. '사랑', '돈', '여성', '그리스도', '타자', '미디어', '자유', '역사', '대중문화', '글쓰기', '감각', '관계' 등등을 주제로 생각해보았습니다. 이를 토대로 반드시 읽어보아야만 할 우리 시인들과 그들의 정직한 속앓이를 이해하는 데 도움을 줄 수 있는 현대 철학자들을 선정했습니다. 시인을 선정하면서 특히 염두에 두었던 것은 전편에서 많이 다루지 못했던 여성 시인들이었습니다. 문정희, 고정희, 그리고 김행숙 시인을 다루면서 나는 여성 시인들에게 진 빚을 조금이나마 갚으려고 했습니다. 또 개인적으로 《철학적 시 읽기의 즐거움》에서 다루지 못한 것이 못내 아쉬웠던 시인들을 다루게 되어 다행스럽게 생각합니다. 백석, 신동엽, 이성복, 김정환, 그리고 허연 시인이 바로 그들입니다. 특히 신동엽 시인과 이성복 시인을 다룰 수 있어서 더 행복했습니다.

 강의는 매주 강의안을 책 원고라는 완성된 형식으로 집필하여 읽었던 나만의 방식으로 진행되었습니다. 강의를 하면서 나는 김수영 시인을 울렸던 하나의 팽이와 같은 역할을 하고 싶었습니다. "아! 선생님은 자신의 삶을 응시하고, 그것을 솔직하게 표현하려고 애쓰는구나." 뭐, 이런 느낌을 주려고 애를 썼습니다. 팽이가 돌면서 김수영 시인을 울렸던 것처럼 나도 돌면서 수강한 분들을 울리고 싶었기 때문입니다. 김수영의 시 〈폭포〉를 기억하는 분이라면 "폭포는 곧은 소리를 내며 떨어진다/곧은 소리는 소리이다/곧은 소리는 곧은/소리를 부른다"는 구절을 떠올릴지도 모를 일입니다. 수강하는 분들이 자기 삶을 채찍질하며 스스로 서기 위해 노력한다면, 내 강의는 그 목적을 완수할 수 있다고 믿었습니다. 다행스럽게도 강의는 내 의도대로 진행된 것 같습니다. 대부분의 수강생들이 자신의 속내를 정직하게 토로하기 시작했으니까 말입니다. 결국 강의실 안은 "공통된 그 무엇을 위하여 울지 않는, 스스로 도는 힘으로 도는" 팽이들로 가득 차게 되었습니다. 나로서는 이런 고마운 선물이 다시는 없을 것 같습니다.

그렇지만 공통된 제스처가 아니라 자기만의 제스처로 돈다는 것은 괴롭고 고통스러운 일입니다. 그래서 나는 이 책의 제목에 '괴로움'이란 말을 넣었습니다. 이런 괴로움을 잘 이겨내면, 우리는 자신만의 즐거움을 얻게될 겁니다. 어쩌면 인간에게 즐거움은 항상 괴로움이란 어둡고 긴 터널을 통과할 때에만 찾아오는 것인지도 모를 일입니다.

이제 여기서 스스로 돌기 시작한 팽이들, 자기만의 삶을 영위하려고 노력할 분들의 이름을 한 분 한 분 얼굴을 떠올리며 불러보고 싶습니다. 혹여 채찍질하기가 힘들어질 시기가 다가오면 내 강의를 들었던 경험을 떠올리며 다시 힘을 낼 수 있을 테니까 말입니다. 촉촉한 눈을 가진 김민영 님, 자신의 말을 조금씩 찾아가고 있는 명언 전도사 김정화 님, 시인의 감수성을 갖고 있는 임미연 님, 상상마당 강의를 고목나무처럼 지켜주던 우리 반장 이승하 님, 너무나 여려서 세계를 누구보다 잘 느끼지만 그만큼 상처가 많은 강윤화 님, 자기만의 리듬으로 자신의 상처를 잘 보듬어가는 서정은 님, 그리고 하늘에 떠 있는 별들처럼 자기만의 빛을 내고 있었던 이지온 님, 박두남 님, 이용주 님, 정수민 님, 민혜은 님, 이선희 님, 김혜정 님, 김란 님, 안중희 님, 김승태 님, 김유나 님, 홍보람 님, 오미현 님, 김명진 님, 권소진 님, 이소연 님, 이준호 님, 임미연 님, 변예슬 님. 아 참, 가장 중요한 분을 빼먹을 뻔했군요. 김수영 시인을 좋아하는 것만큼 삶을 정직하게 직면하려고 애쓰는 내 스토커 겸 매니저 김서연 님.

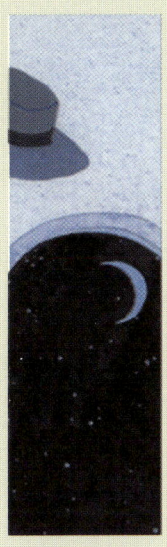

chapter 1

사랑이란 험난한 길, 히스테리와 강박증을 넘어

이성복과 라캉

앞날
이성복

당신이 내 곁에 계시면 나는 늘 불안합니다 나로 인해 당신 앞날이 어두워지는 까닭입니다 내 곁에서 당신이 멀어져가면 나의 앞날은 어두워집니다 나는 당신을 잡을 수도 없습니다 언제나 당신이 떠나갈까 안절부절입니다 한껏 내가 힘들어하면 당신은 또 이렇게 말하지요 "당신은 팔도 다리도 없으니 내가 당신을 붙잡지요" 나는 당신이 떠나야 할 줄 알면서도 보내드릴 수가 없습니다

• 1 •

진정한 사랑을 찾아 헤매는 시인

1980년 《뒹구는 돌은 언제 잠 깨는가》라는 시집 한 권으로 우리에게 젊은 시인이 한 명 찾아옵니다. 그가 바로 이성복李晟馥, 1952~ 시인입니다. 서정시의 전통이 강했던 우리 문단의 분위기에 비추어 스물여덟 살 젊은 시인의 파괴적이고 극단적인 언어 사용법은 당혹감을 자아내기에 충분했습니다. 특히 가족을 '정든 유곽'에 비유하며 그것을 극복하고자 했던 시인의 몸부림은 가족 이데올로기에 뿌리 깊이 젖어 있던 사람들에게는 하나의 충격으로 다가왔을 겁니다.

'정든 유곽'이란 표현을 들으면, 어느 중년 여인의 아픈 이야기가 떠오릅니다. 언제부터인가 그녀는 남편이 성관계를 요구하면 자신이 원하지 않아도 남편의 요구를 들어주게 되었다고 합니다. 남편이 허겁지겁 관계를 마치고 잠에 곯아떨어지면, 그녀는 침실을 나와 거실 소파에 앉아 자괴감에 빠져들곤 했답니다. 마치 자신이 매춘부가 된 것처럼 추하게 느껴졌기 때문이지요. 아내가 어떻게 느끼는지 고려하기는

커녕 자신의 권리라도 되는 듯이 성관계를 요구하는 남편이나, 아무런 내색 없이 고분고분 남편의 요구에 응하고 있는 자신이나 모두 유곽, 즉 매음굴에 살고 있다는 자괴감이 든 것이지요.

이성복의 시집에 실려 있는 〈그해 가을〉이란 시를 한번 넘겨볼까요. "아버지, 아버지! 내가 네 아버지냐/그해 가을 나는 살아온 날들과 살아갈 날들을 다 살아/버렸지만 壁(벽)에 맺힌 물방울 같은 또 한 女子(여자)를 만났다/그 여자가 흩어지기 전까지 세상 모든 눈들이 감기지/않을 것을 나는 알았고 그래서 그레고르 잠자의 家族(가족)들이/埋葬(매장)을 끝내고 소풍 갈 준비를 하는 것을 이해했다/아버지, 아버지…… 씹새끼, 너는 입이 열이라도 말 못 해." 그레고르 잠자Gregor Samsa를 아시나요? 카프카의 소설 《변신Die Verwandlung》의 주인공이지요. 이 소설은 가족을 전적으로 부양했던 그레고르가 어느 날 흉측한 벌레로 변한다는 이야기로 시작됩니다. 벌레로 변하면서 그레고르는 점점 가족 성원들로부터 배제되고, 마침내 죽음에 이르게 됩니다. 그의 가족들이 벌레, 즉 그레고르의 시신을 버리고 즐겁게 소풍가는 것으로 소설은 마무리됩니다.

지금 카프카는 사랑의 공동체라는 가족 이데올로기를 신랄하게 조롱하고 있는 겁니다. 벌레로 변신한 그레고르는 가족 질서로부터 벗어난 인간을 상징합니다. 가족 질서를 벗어나자마자 그는 관심과 사랑이 아니라, 무관심과 배제의 대상이 됩니다. 결국 가족은 무조건적 사랑의 공동체가 아니라, 모종의 질서를 전제한 냉혹한 사회 조직이었던 셈입니다. 물론 이 질서는 가부장적 가족 질서겠지요. 카프카를 탐독했던 스물여덟 살의 젊은 시인은 자신의 우상을 따라 가족 질서로부터 벗어나 자유를 되찾으려고 합니다. 물론 그러기 위해서는 가족 질서의 상징적 중심이라고 할 수 있는 '아버지'를 부정해야만 합니다. 그래서 시에 "아버지, 아버지…… 씹새끼"라는 절규가 등장한 겁니다. 시인이 가족 질서의 억압성을 자각하도록 만든 계기는 무엇이었을까요? 카프카의 도움 때문이었을까요? 그렇지만은 않은 것 같습니다.

"벽에 맺힌 물방울 같은 또 한 여자"를 만나지 않았다면, 시인은 카프카를 읽어낼 수도 없었을 겁니다. 가족 질서에 순종적이었던 사람이 그 질서를 부정하게 되는 것은 가족이 아닌 다른 사람과 사랑에 빠질 때일 겁니다. 사랑에 빠진 사람이 부모가 정한 귀가 시간을 점점 어기게 되는 것도 이런 이유에서겠지요. 조금 더 깊이 생각해볼까요. 가족이 아버지를 정점으로 하는 수직적인 억압 구조로 기능한다면, 사랑의 관계는 주체와 타자 사이의 수평적인 긴장 구조로 작동합니다. 수평적인 구조에 한 발을 내딛지 않으면, 우리는 수직적 구조를 성찰할 수 있는 거리를 얻을 수 없습니다. 아니, 정확히 말해서 누군가의 사랑을 받을 때에만, 기존 관계를 부정할 수 있는 용기가 생길 수 있는 법입니다.

가부장적 가족 구조는 수직적인 억압 구조의 원형이라고 할 수 있습니다. 아버지의 자리에는 '독재자'나 '신'과 같은 일체의 초월적인 지배자가 들어올 수 있으니까 말이지요. 결국 《뒹구는 돌은 언제 잠 깨는가》는 표면적으로 가족 질서에 대한 젊은 시인의 사적인 절규로도 읽힐 수 있지만, 심층적으로는 모든 억압 구조에 대한 분노를 표현하고 있다고 할 수 있습니다. 그렇기 때문에 시인의 첫 시집은 1980년대, 그러니까 민주화의 열기가 뜨거웠던 시절 그렇게도 많은 젊은이들로부터 사랑을 받을 수 있었던 겁니다. 그렇다면 이런 억압 구조를 벗어날 수 있는 방법은 무엇일까요? 사실 이것은 수직적 구조를 벗어나 수평적 구조를 획득하는 방법과 관련된 물음입니다. 앞에서 언급했던 것처럼 가족 질서가 수직적 구조를 상징한다면, 수평적 구조는 사랑이란 관계로 구체화할 수 있을 겁니다. 그래서 《뒹구는 돌은 언제 잠 깨는가》를 마무리하면서 젊은 시인은 스스로 자신이 떠맡아야 할 과제를 분명히 자각하고 있다는 것을 보여줍니다.

"노래하리라 정든 유곽/어느 잔칫집 어느 상갓집에도 찾아다니며 피어나고/떨어지는 것들의 낮은 신음소리에 맞추어 녹는 것/구부러진 것 얼어붙은 것 갈라터진 것 나가떨어진 것들/옆에서 한 번, 한 번만 보고 싶음과 만지고 싶음과 살 부비고 싶음에/관하여 한 번, 한 번만 부여안고 휘이 돌고 싶음에 관하여/이제는 다만 때 아닌, 때 늦은 사랑에 관하여." 시집 제일 뒤에 실려 있는 〈이제는 다만 때 아닌, 때 늦은 사랑에 관하여〉라는 시의 마지막 부분입니다. 특히 "한 번만 보고 싶음", "만지고 싶음", "살 부비고 싶음", 그리고 "한 번만 부여안고 휘이 돌고 싶음"은 사랑을 열망하는 시인의 속내를 잘 보여주고 있지요. 마침내 시인은 1986년에 《남해 금산》을, 그리고 1990년에 《그 여름의 끝》이란 시집을 출간합니다. 특히 《그 여름의 끝》은 매우 중요합니다.

이 시집을 통해 이성복 시인은 사랑이라는 수평적 관계가 함축하는 난점과 가능성을 치열하게 숙고하기 때문입니다.

  사랑은 분명 기쁨의 관계입니다. 물론 이 기쁨 때문에 번뇌와 슬픔이 찾아들기도 하지만 말입니다. 어쨌든 당신을 통해서 기쁨을 얻을 때, 나는 당신과 사랑에 빠진 겁니다. 당연히 나는 당신과 함께 있으려고 합니다. 그건 기쁨을 계속 유지하려는 본능적인 욕망이라고도 할 수 있습니다. 그렇지만 당신도 나와의 만남을 통해 기쁨을 향유할 수 있을까요? 〈앞날〉이란 시에서 시인은 직감합니다. 나는 분명 당신을 통해 기쁨을 느끼고 있지만, 당신은 그다지 기쁨을 느끼고 있지 않다는 사실을 말이지요. 사랑의 관계가 함축할 수 있는 가장 큰 딜레마에 시인은 빠져 있는 겁니다. 당신이 기쁨을 느끼지 않는다면, 당신을 보내야만 합니다. 그렇지만 그 대가는 치명적입니다. 당신을 보낸다면 나는 더 이상 기쁨을 느낄 수 없을 테니까요. 그래서 시인은 노래했던 겁니다. "당신이 내 곁에 계시면 나는 늘 불안합니다 나로 인해 당신 앞날이 어두워지는 까닭입니다 내 곁에서 당신이 멀어져 가면 나의 앞날은 어두워집니다." 시인은 어떻게 해야 할까요? 성급한 대답보다는 인간의 마음, 욕망, 그리고 사랑을 조금 더 숙고하도록 하지요. 꽤 심각한 주제이지만, 다행스럽게도 우리에게는 라캉Jacques Lacan, 1901~1981의 정신분석학이 있습니다. 라캉은 사랑을 성찰할 때 우리가 길을 잃지 않게 도와줄 좋은 동반자가 될 수 있을 테니까 말입니다.

· 2 ·

우리는 금지된 것을 욕망한다

정신분석학의 근본 전제를 아시나요? 정신분석학은 인간을 위대한 존재라고 보지 않습니다. 오히려 정신분석학에 따르면, 인간은 기본적으로 '미숙아'로 태어난 존재입니다. 이런 인간의 성격을 명확히 이해할 수 있는 예를 들어볼까요? 아프리카의 초식동물을 생각해보세요. 새끼가 태어날 때 초식동물은 한두 시간 안에 걸어서 출산 현장을 떠나야만 합니다. 그렇지 않으면 피 냄새를 맡은 하이에나와 같은 육식동물들이 몰려들기 때문입니다. 이와 달리 갓난아이는 어떤가요? 바로 걸을 수도, 혼자서 먹을 수도 없습니다. 최소 몇 년 동안 부모의 보살핌이 없다면, 갓난아이는 생존하기도 힘듭니다. 어쩌면 갓난아이가 부모의 애정을 갈구하는 것, 다시 말해 사랑받으려는 충동이 이로부터 기원할지도 모릅니다. 잊지 말아야 할 것은 유년 시절의 이런 충동이 성숙한 인간에게도 집요하게 남아 있다는 점입니다.

아이가 사랑받기 위해서 대가를 지불하는 것은 불가피한 일입니다. 지

속적인 사랑을 얻기 위해서 아이는 부모가 원하는 것, 다른 말로 바꾸면 부모가 금지하는 것을 받아들여야만 합니다. 아이는 자신의 성기를 만지면서 쾌락을 느끼는 시기를 거칩니다. 그러니까 정신분석학에서 말하는 성기기性器期, genital phase를 지나는 겁니다. 부모가 금지하면 아이는 성기와 관련된 자기성애적인 쾌락을 포기해야만 합니다. 이 경우 자기성애적인 쾌락을 가져다주었던 아이의 성기는 욕망의 대상이 되고, 마침내 아이는 욕망의 주체로 거듭나게 됩니다. 다시 말해 욕망의 주체는 금지를 수용하지만, 동시에 금지된 것을 욕망하면서 탄생한다는 겁니다.

그래서 라캉은 "법과 억압된 욕망은 동일한 것이고, 이것이야말로 정확히 프로이트가 발견했던 것이다"(《에크리Écrits》)라고 이야기했던 겁니다. 따라서 욕망의 주체는 분열된 주체일 수밖에 없습니다. 라캉이 욕망의 주체를 '$\mathcal{S}$'라고 표기했던 것도 이런 이유에서입니다. '분열'을 뜻하는 사선(/)을 '주체'를 뜻하는 S(subject; sujet)에 덧붙인 것이지요. 반면, 라캉은 금지된 욕망의 대상을 '대상 a(object a; objet a)'라고 표기합니다.

> 환상은 가장 일반적 형식, 즉 공식 $\mathcal{S} \lozenge a$로 정의된다. 이 공식은 내가 이 목적을 위해 대수학에서 수용했던 것이다. 여기서 ◇는 "~을 욕망한다"라고 읽어야 하고, 오른쪽에서 왼쪽으로도 동일한 방식으로 읽어야 한다. 이 공식은 절대적인 비상호성non-reciprocity에 기초한 동일성을 나타내는데, 이 관계는 동시에 주체 형성 과정이기도 하다.
>
> —《에크리》

욕망의 주체 혹은 간단히 주체는 '대상 a'를 욕망합니다. '대상 a'는 '잃어버린 쾌락'이자 주체가 집요하게 회복하려는 상실된 쾌락의 잉여물이라고 할 수 있습니다. 예를 하나 더 들어볼까요. 한 아이가 꿀을 먹고서 쾌락을 느꼈습니다. 그렇지만 부모는 "꿀을 먹지 말라"고 명령합니다. 아이가 이 명령을 받아들였다면 금지된 꿀은 '대상 a', 아이는 욕망하는 주체($)가 되는 겁니다. 이 아이가 성장해서 어른이 된다면, 어른인 그가 욕망하는 음식은 대부분 금지된 꿀, 즉 '대상 a'의 아우라를 가진 것이기 쉽습니다. 하지만 '대상 a'가 유년 시절에만 만들어진다고 할 수는 없을 것 같습니다. 한 청년이 같이 있다는 이유만으로 쾌감과 만족을 주는 여인과 사랑에 빠졌다고 해보지요. 불행히도 양가 부모님의 극렬한 반대로 두 사람은 만나는 것조차 포기할 수밖에 없었습니다. 이 경우 두 사람에게 상대방은 '대상 a'로 남아서 장차 그들의 사랑을 지배할 수도 있습니다. 새로 만난 이성이 과거 금지된 애인의 아우라를 가지고 있다면, 두 사람은 새로운 그 혹은 그녀와 사랑에 빠지기 쉬울 테니까 말입니다.

때로는 '대상 a'가 주체를 욕망하는 것으로 드러나기도 합니다. 금지된 꿀이 자신을 부르는 것처럼, 혹은 금지된 사랑이 자신을 욕망하는 것처럼 드러날 수도 있기 때문입니다. 그래서 라캉은 '$\$ \Diamond a$'라는 공식에서 $\Diamond$를 오른쪽에서 왼쪽으로, 혹은 왼쪽에서 오른쪽으로 읽을 수 있다고 강조했던 겁니다. 어쨌든 라캉에게 '대상 a'는 마치 그림자처럼 주체를 따라다니는 것이지요. 그의 지적이 옳다면, 우리는 어떤 타자를 이해한다는 것이 무엇인지를 분명히 알게 됩니다. 그것은 그 타자가 욕망하는 대상, 즉 '대상 a'가 무엇인지를 이해하는 겁니다. 이것을 이해하지 못한다면, 우리는 타자를 안다고 말해서는 안 됩니다. 물론 이것은 우리 자신을 이해하는 데도 필수적입니다. 과연 나의 욕망을 지배하는 '대상 a'는 무엇일까요?

• 3 •

히스테리와 강박증 사이에서

프로이트Sigmund Freud, 1856~1939에게 인간의 정신에는 정상과 비정상의 구분이 그나마 존재했지만, 라캉에게는 모든 사람들이 기본적으로 비정상이라고 할 수 있습니다. 라캉에 따르면, 인간은 누구든지 정신병psychosis; psychose, 신경증neurosis; névrose, 그리고 도착증perversion; perversion이란 세 가지 임상 구조 중 하나에는 반드시 속하기 때문입니다. 물론 정신병, 신경증, 그리고 도착증은 수직적 가족 질서에 속할 수밖에 없는 유년 시절의 삶으로 인해 우리 내면에 구조화한 겁니다. 세 임상 구조 중 빈도수로 보면, 정신병과 도착증은 매우 적은 사람에게서 나타납니다. 그렇기 때문에 정신병과 도착증은 진짜 비정상적인 정신 상태라고 일컬어집니다. 다수가 따르면 정상이고, 소수가 따르면 비정상이라는 것이 일반적인 통념이기 때문이지요.

결국 사람은 대부분 신경증의 지배를 받고 있지만, 그것을 정상이라고 믿으며 살고 있습니다. 라캉에 따르면 신경증은 두 가지로 구분됩니다. 대부분의 남성을 지배하는 강박증obsessional neurosis; névrose obsessionnelle, 그리고 대부분의 여성을 지배하는 히스테리hysteria; hystérie가 바로 그것입니다. 먼저 강박증에 걸린 사람, 다시 말해 대부분의 남성들에게서 볼 수 있는 정신 구조를 들여다보도록 하지요.

> 남자는 상대가 가지고 있는 어떤 것과 관계하지 못하고 단지 상대에게 각인된 '대상 a'에 대해서만 관계할 뿐이다. 그는 자신의 욕망의 원인을 제외하고는 자신에게 타자인 성적 상대에 도달하지 못한다. 이런 점에서 이는 환상과 다르지 않다.
>
> ─《세미나 20 Seminar XX》

라캉의 논의를 제대로 이해하려면, '$ɠ◊a$'라는 주체 탄생의 공식을 염두에 두고 있어야 합니다. 남성은 상대방에게서 금지된 욕망의 대상, 즉 '대상 a'만을 찾습니다. 물론 과거 쾌락의 흔적으로서 '대상 a'는 상대방에게 있는 것이 아니라, 자신이 상대방에게 투사한 것에 지나지 않습니다. 그럼에도 남성은 상대방 여성에게 투사된 '대상 a'만을 그녀에게서 추구하게 됩니다. 당연히 그에게 여성은 그녀만의 고유한 욕망을 가진 주체로 여겨질 수가 없지요. 그래서 라캉은 말했습니다. "그는 자신의 욕망의 원인을 제외하고는 자신에게 타자인 성적 상대에 도달하지 못한다"라고 말이지요.

그렇다면 대부분의 여성을 지배하는 히스테리라는 임상 구조는 어떨까요? 히스테리에 대한 라캉의 언급은 매우 난해하고 복잡합니다. 그래서 라캉을 직접 인용하기보다는 그의 정신분석학을 임상적으로 평이하게 소개한 핑크Bruce Fink의 이야기를 통해 히스테리에 접근해보도록 하지요.

> 강박증자는 성관계에 연루되더라도 상대를 '대상 a'의 우연적인 '용기'나 '매체'로밖에 여기지 않는다. 그에게 상대는 대체 가능하고 교환 가능한 것일 뿐이다. (······) 이에 반해 히스테리 환자는 성적 상대인 타자를 강조한다. 그녀는 타자의 욕망을 지배하기 위해 스스로 그 욕망의 대상이 된다. 환상을 통해 그녀는 자신을 타자의 대상으로 위치시키고, 이에 따라 (일반적으로 애인이나 배우자인) 타자는 욕망하는 주체로 자리 잡게 된다.
>
> ─《라캉의 정신분석학에 대한 임상개론A Clinical Introduction to Lacanian Psychoanalysis》

성관계를 맺을 때 강박증자, 즉 남성에게 여성은 '대상 a'의 우연적인 용기나 매체에 지나지 않는다고 핑크는 지적합니다. 당연히 남성에게 여성은 "대체 가능하고 교환 가능한 것"일 뿐입니다. 핑크의 지적은 강박증에 대한 라캉의 논의를 그대로 계승하고 있습니다. 그래서 라캉도 강조했던 적이 있습니다. "남자에게 여성은 어머니 아니면 매춘부일 수밖에 없다"라고 말이지요. 그러니까 남성에게 여성이란 자신만의 고유한 욕망이 없는 존재로 드러난다는 겁니다. 그래서 강박증자로서 남성이 가장 당혹스러워하는 순간은 단지 자신의 욕망을 충족시켜주는 수단이라고 생각했던 여성이 당당하게 그녀만의 욕망을 피력할 때입니다.

핑크는 이어서 히스테리는 강박증과는 반대 구조를 가지고 있다고 이야기합니다. 강박증자에게 중요한 것이 자신의 욕망이었다면, 히스테리 환자에게 중요한 것은 반대로 타자의 욕망입니다. 히스테리 구조를 가지고 있는 대부분의 여성은 상대방 남성이 욕망하는 대상, 즉 '대상 a'가 되려고 합니다. 물론 그렇다고 해서 여성이 자신의 욕망을 부정할 수는 없을 겁니다. 그러니까 당연히 상대방 남성에게 욕망의 대상이 되려는 노력 자체는 여성의 실존에서 갈등 요인으로 기능하게 될 겁니다. 히스테리가 신경증에 속하는 것도 이런 이유에서이지요.

가부장제는 과거 농경사회의 정치경제학적 구조로부터 더 강화되었다고 할 수 있습니다. 열다섯 살 정도의 남자와 여자 중 어느 쪽이 농업경제에 이바지할까요? 당연히 남자 쪽일 겁니다. 그 정도 나이면 쌀 한 가마니쯤 가볍게 들 수 있을 테니까 말입니다. 당연히 부모는 여자아이보다 남자아이를 더 중하게 여길 수밖에 없습니다. 여자아이는 아무래도 경제적으로 가격 대비 만족도가 떨어지니까요. 가부장제 사회에서 여자아이는 남동생이나 오빠에 비해 부모로부터 사랑을 덜 받는다고 느낄 수밖에 없습니다. 당연히 여자아이는 부모로부터 사랑받기 위해서 부모가 사랑할 만한 대상이 되려고 집요하게 노력할 겁니다. 어머니의 일을 도와준다든가, 아니면 집안 정리를 하면서 말이지요. 마구 어질러놓는 남동생이나 오빠에 비해 여자아이가 부모에게 더 성숙한 모습으로 다가오는 것도 이런 이유에서입니다. 부모의 욕망을 읽고 그것에 자신을 맞추니까 그런 착시 효과가 생기는 겁니다. 여자아이의 조숙함은 진정한 의미에서의 성숙이라기보다, 가부장제 사회에서 생존하기 위한 본능적인 전략의 결과일 뿐입니다. 이런 유년 시절의 모습이 성장한 여성에게서 히스테리로 반복되는 겁니다.

　이제 이성복 시인의 〈앞날〉이란 시가 분명하게 우리 눈에 들어옵니다. 시인은 자신의 기쁨과 타자의 기쁨 사이에서 방황하고 있었던 겁니다. 타자에게 기쁨을 주지 못할까 노심초사하지만, 동시에 시인은 자신의 기쁨도 결코 포기하지 않으려고 합니다. 자신의 기쁨을 포기하지 않으려는 것이 히스테리를 넘어서겠다는 시인의 의지라면, 타자의 기쁨을 부정하지 않겠다는 것은 강박증을 극복하겠다는 시인의 의지라고 할 수 있습니다. 이 부분에서 특히 중요한 것은 타자의 욕망을 읽어내려는 시인의 집요한 노력입니다. 그것은 이성복 시인이 바로 남성이기 때문입니다. 자신의 욕망을 긍정하는 것은 남성으로서는 매우 자연스러운 일이지만, 상대방 여성의 욕망을 긍정하고 그것을 읽어내려는 마음은 의식적이고 의지적인 노력이 없다면 불가능한 일입니다. 시인은 바로 이 불가능한 일을 실제로 시도하고 있는 겁니다. 물론 그것은 참다운 사랑, 혹은 나와 타자 사이의 진정한 수평적 관계를 회복하려는 그의 투철한 의지 때문에 가능하지요.

　여기서 우리는 진정한 사랑의 비밀을 알게 됩니다. 사랑은 히스테리와 강박증 사이에서 미묘한 균형을 잡을 때에만 가능한 겁니다. 우리는 타자의 욕망에 자신을 완전히 맞추려 하지 말고, 동시에 자신의 욕망에만 매몰되지도 않아야 합니다. 같은 말이지만 우리는 타자의 욕망과 자신의 욕망을 동시에 긍정할 수 있어야만 합니다. 오직 그럴 때에만 사랑이란 위태로운 감정에 잠시라도 머물 수 있는 법입니다. 잊지 말아야 할 것이 하나 더 있습니다. 사랑이라는 위태로운 줄타기에 숙달되지 않는다면 남성은 강박증 쪽으로, 여성은 히스테리 쪽으로 추락할 가능성이 있다는 사실을 말입니다. 그러니 노력해야만 합니다. 어느 한쪽으로 떨어지지 않기 위해 나와 타자 사이에서 아찔한 균형을 유지해야만 합니다. 시간이 어느 정도 걸릴지는 알 수 없지만, 언젠가 평지를 걷듯이 사랑의 줄타기가 편해질 때가 올 겁니다. 우리의 간절한 소망이 이루어진다면, 마침내 남성이라면 강박증을, 여성이라면 히스테리를 극복하게 될 겁니다. 이성복 시인이 그토록 원했던 것처럼, 내면을 지배하는 수직적 가족 질서로부터 벗어나 사랑이라는 수평적 관계를 구축하게 되는 셈이지요.

더 읽어볼 책들

이성복, 《그 여름의 끝》, 문학과지성사, 1990년

연애시를 우습게 보지 말자. 연애할 때만큼 두 사람이 상대방에 대해 민감한 감수성을 유지하는 때도 없기 때문이다. 그렇기 때문에 사랑을 다루는 연애시는 강한 사회철학적 의미를 함축할 수밖에 없다. 사회나 공동체는 나만이 아니라 타자가 존재해야만 가능한 법이다. 그래서 연애는 가장 근본적이고 원초적인 사회관계라고 할 수 있다. 일제 시대 한용운이 《님의 침묵》이란 일종의 연애시집을 썼던 것도 다 이유가 있었던 셈이다. 이성복의 《그 여름의 끝》은 한용운의 연애시 전통을 더 심화한 걸작이다. '님'이 '당신'이나 '그대'로 바뀌었지만. 모든 것이 그렇듯, 사랑이 끝난 뒤에야 사랑을 인식할 수 있는 법이다. 마치 열정으로 가득 찬 여름밤을 추억하려면 선선한 바람이 부는 가을을 기약해야 하는 것처럼. 《그 여름의 끝》은 이미 끝난 사랑과 그 의미를 되새기려는 시인의 애절한 회고록이기도 하다.

라캉, 맹정현·이수련(옮김),
《자크 라캉 세미나 11—정신분석의 네 가지 근본 개념》, 새물결, 2008

정신분석학이란 새로운 학문을 만들면서 프로이트는 인간에게 무의식적 욕망 혹은 억압된 욕망이 있다는 사실을 밝혔다. 그렇지만 무의식을 의식과 관련된 개념들로 설명하려는 것은 분명 한계가 있게 마련이다. 무의식과 의식 사이에는 그만큼 건널 수 없는 심연이 도사리고 있기 때문이다. 라캉이 프로이트의 정신분석학을 새롭게 개념화하려는 것도 이런 이유에서다. 프로이트 당시보다 자연과학이나 인문학이 더 많이 발전했기 때문이다. 그러나 어찌된 일인지 라캉이 업데이트한 정신분석학은 프로이트보다 어렵기만 하다. 그나마 《자크 라캉 세미나 11》은 쉬운 편이다. 이 책을 꼼꼼히 읽을 수만 있다면 정신분석학에 대한 이해가 깊어질 것이다.

브루스 핑크, 맹정현(옮김), 《라캉과 정신의학》, 민음사, 2002년
라캉의 정신분석학에 대한 최고의 해설서이다. 난해하고 복잡한 라캉의 사유에 접근하느라 만신창이가 된 독자라면 이 책만 읽어도 충분히 힘을 얻을 수 있을 것이다. 임상적 사례를 중심으로 라캉의 이론을 풀고 있기 때문에 흥미진진하게 읽힌다는 것도 이 책이 가진 미덕이다. 인간의 세 가지 정신 구조, 즉 정신병, 신경증, 도착증을 중심으로 논의를 전개하기 때문에 이 책만 읽어도 주변 사람들의 정신 구조를 약간은 들여다볼 수 있는 안목이 생길 것이다. 한 가지 아쉬운 것은 라캉이라면 싫어할 수 있는 '정신의학'이란 용어를 사용하여 원서에도 없는 제목을 만들었다는 점이다. 번역자의 결단인지, 아니면 편집자의 생각인지 나중에 반드시 수정할 필요가 있겠다.

chapter 2

돈으로 매개되는
세속 도시의 냉담한 삶

·

최승호와 짐멜

자동판매기
최승호

오렌지 주스를 마신다는 게

커피가 쏟아지는 버튼을 눌러버렸다

습관의 무서움이다

무서운 습관이 나를 끌고 다닌다

최면술사 같은 습관이

몽유병자 같은 나를

습관 또 습관의 안개나라로 끌고 다닌다

정신 좀 차려야지

고정관념으로 굳어가는 머리의

자욱한 안개를 걷으며

자, 차린다, 이제 나는 뜻밖의 커피를 마시며

돈만 넣으면 눈에 불을 켜고 작동하는

자동판매기를

賣春婦(매춘부)라 불러도 되겠다

黃金(황금)교회라 불러도 되겠다

이 자동판매기의 돈을 긁는 포주는 누구일까 만약
그대가 돈의 權能(권능)을 이미 알고 있다면
그대는 돈만 넣으면 된다
그러면 賣淫(매음)의 자동판매기가
한 컵의 사카린 같은 쾌락을 주고
十字架(십자가)를 세운 자동판매기는
神(신)의 오렌지 주스를 줄 것인가

• 1 •

대도시의 삶을 차갑게 응시한 시인

정지용鄭芝溶, 1902~1950 시인을 아시나요? 정지용 시인을 모른다고 해도 그의 시 〈향수〉는 어디선가 읽었거나 들어보았을 겁니다. 대중가요의 가사로도 사용된 적이 있으니까 말이지요. "넓은 벌 동쪽 끝으로/옛이야기 지줄대는 실개천이 휘돌아 나가고/얼룩배기 황소가/해설피 금빛 게으른 울음을 우는 곳/그곳이 차마 꿈엔들 잊힐 리야." 1927년 《조선지광朝鮮之光》이란 잡지에 발표된, 전체 5연으로 구성된 〈향수〉 중 첫 번째 연을 읽어본 겁니다. 우리말의 아름다움이 이처럼 매혹적으로 드러나는 시도 없습니다. 그렇지만 여기서 한 가지 생각해보아야 할 것이 있습니다. 그것은 〈향수〉라는 시가 쓰인 자리, 혹은 정지용 시인이 고향을 그리워하는 장소와 관련된 겁니다. 모던 도시 경성에서 모던 보이로 살지 않았더라면 시인은 자신의 고향, 즉 충청도 옥천沃川을 그리워할 수도 없었을 겁니다.

'넓은 벌', '실개천', '황소' 등은 모두 넓고 여유로우며 푸근하기까지 한 시골의 정조를 자아냅니다. 이것은 그가 비좁고 분주하며 급박하게 돌아가는 도시 생활에 지쳐 있다는 것을 보여줍니다. 일본 도시샤同志社 대학 영문과를 졸업했던 시인은 무슨 이유에서인지는 몰라도 경성에서의 삶을 고달파하고 있었던 겁니다. 만약 일본 유학을 가지 않고 경성에서도 생활하지 않은 채 옥천에 머물렀다면, 정지용 시인은 과연 〈향수〉라는 시를 지을 수가 있었을까요? 아마 불가능했을 겁니다. 시골을 발견하는 것은 도시인일 수밖에 없는 법입니다. 모던 보이로서 경성 생활에 깊이 젖어들지 않았다면, 시인은 일종의 노스탤지어로서 시골을 발견할 수 없었을 거라는 말입니다. 결국 〈향수〉는 시골 사람의 시가 아니라, 도시 사람의 시였던 셈입니다.

정지용 시인이 생활했던 1930년대 경성에는 30만 정도의 인구가 살고 있었습니다. 경제 개발에 힘입어 경성은 1980년대 800만이 넘는 사람들로 북적이는 대도시 서울로 완전히 탈바꿈합니다. 서울이 메트로폴리스로 팽창한 이유는 산업자본의 발달에 따른 필연적인 귀결이라고 할 수 있습니다. 노동시장과 소비시장이 공존한다면, 산업자본은 더 효과적으로 잉여 가치를 획득할 수 있으니까 말이지요. 1980년대 춘천이라는 소도시 출신으로 강원도 벽지에서 초등학교 선생님으로 재직하기도 했던 한 시인이 서울이란 대도시로 진입해옵니다. 바로 최승호崔勝鎬, 1954~ 시인입니다. 소도시, 벽지, 그리고 해맑은 어린이와의 관계는 시인의 무의식적 정서를 형성하기에 충분했습니다. 바로 이런 무의식적 정서를 가지고 있었기 때문에 시인은 공룡처럼 비대해진 대도시, 그리고 그만큼 초라해진 인간의 대도시적 삶을 볼 수 있는 거리를 확보할 수 있었던 거지요.

　1985년에 출간된 《고슴도치의 마을》은 어느 소도시 시인이 차이로서, 혹은 현기증으로서 느꼈던 대도시와 그곳에서의 삶을 노래한 시집입니다. 시인은 이미 1983년에 시골 삶의 풍경과 그 내면을 포착한 시집 《대설주의보》를 출간했던 적이 있습니다. 그래서 《고슴도치의 마을》은 《대설주의보》와의 거리감으로부터 쓰인 시집일 수밖에 없다고 할 수 있습니다. 시인의 눈에는 대도시에서 살아가는 사람들이 '고슴도치'들로 보였다는 것이 이채롭습니다. 서로 닿지 않으려고 몸을 움츠리는 고슴도치들을 생각해보세요. 사람들로 가득 찬 만원 버스나 지하철 풍경이 금방 떠오르지 않나요? 이렇게 비좁고 북적대는 곳에서 살면, 누구라도 타인에게 가시를 세우는 고슴도치가 될 수밖에 없을 겁니다. 서로 상처받을까 봐 전전긍긍하는 외로운 도시 생활이 실감나게 다가옵니다. 외롭다고 해도 서로를 안아줄 수 없는 불쌍한 고슴도치들, 그들이 살아가는 곳이 바로 대도시 서울이었던 셈입니다.

　《고슴도치의 마을》에는 〈자동판매기〉란 시가 실려 있습니다. 자동판매기, 흔히 줄여서 자판기로 불리는 기계는 대도시 생활에 익숙한 사람이라면 별로 의식하지도 않을 겁니다. 너무나 많고 흔하기 때문이지요. 사실 춘천이란 소도시에서 자랐고 춘천교대에 재학했기 때문에 시인에게도 자판기는 나름대로 익숙한 대상이었을 겁니다. 그래서 그런지 시인도 자판기를 낯선 대상으로 발견하기가 힘들었나 봅니다. 그러던 어느 날, 시인은 자판기에서 오렌지 주스를 마시려다가 습관적으로 커피가 쏟아지는 버튼을 누르는 실수를 하게 됩니다. 원하지 않던 커피가 담긴 종이컵을 들고서 시인은 망연자실합니다. 처음에는 자판기에서 커피를 즐겨 마시던 자신의 습관을 들여다보려고 합니다. 자신도 모르게 자기를 어느 곳으로 이끌어가는 습관이란 정말로 무서운 것이니까요. 그러나 이어서 그는 자신을 이렇게 길들인 대도시와 산업자본의 힘을 성찰하는 데까지 나아갑니다. 습관이란 이미 내적인 정서로 자리 잡은 겁니다. 그래서 반성하기가 힘들지요. 습관을 제대로 성찰하려면 자신의 살을 도려내는 듯한 냉철한 이성이 불가피한 것도 이런 이유에서입니다. 최승호 시인의 시를 읽으면 싸늘한 냉기가 드는 것도 다 이유가 있었던 셈입니다.

  자판기와 관련된 작은 실수 하나를 놓고 자본과 도시를 운운하는 것은 지나치게 신경질적인 반응이 아닌가 의아해하는 분도 있을 겁니다. 그렇지만 대도시와 돈에 대한 짐멜Georg Simmel, 1858~1918의 예리한 성찰을 살펴보면, 우리는 최승호 시인이 신경질적이기보다는 우리 자신이 자본주의에 너무 둔감해져 있다는 사실을 확인하게 될 겁니다.

· 2 ·

자본주의 혹은 완성된 종교

교회에 다니는 사람이 등이 가렵다고 해서 작은 십자가를 들고 가려운 곳을 긁기는 힘들지요. 마찬가지로 절에 다니는 사람이 춥다고 해서 목불을 태워 추위를 쫓기는 힘들 겁니다. 나무로 십자 모양을 만든 것이지만 십자가는 단순한 나무 이상이고, 나무로 부처의 모습을 새긴 것이지만 불상은 단순한 나무 이상입니다. 십자가에서 나무 이상의 것을 느끼는 사람은 기독교도일 것이고, 목불에서 나무 이상의 것을 보는 사람은 불교도일 겁니다.

지갑에서 세종대왕이 그려진 지폐 한 장을 꺼내보세요. 분명 종이 한 장에 불과하지만, 누구도 그걸로 종이비행기를 만들어 하늘로 날리거나, 종이학을 접어 귀여운 아이들에게 선물로 주지는 않습니다. 왜 그럴까요? 우리는 그것이 단순한 종이가 아니라는 사실을 알고 있기 때문입니다. 그것은 만 원이나 그 이하의 가격이 매겨진 모든 상품을 구입할 수 있는 가능성을 함축하고 있습니다. 아니, 정확히 말해 우리

는 그 지폐에 그런 힘이 있다고 믿습니다. 지폐에서 종이 이상의 것을 본다는 점에서, 어쩌면 우리는 자본을 신으로 받드는 신도가 아닐까요?

  기독교든, 불교든 종교는 인간의 고통을 치유하고 영속적인 행복을 약속합니다. 그렇지만 그 약속은 현세가 아닌 내세에서 천국이나 극락이란 이름으로 이루어진다고 합니다. 결국 종교의 약속은 현실에서 확인할 수 없습니다. 오직 죽은 다음에야 확인할 수 있기 때문이지요. 물론 죽은 뒤에도 불변하는 영혼이 우리에게 있다는 전제에서 말입니다. 그래서 사실 기존의 초월 종교가 약속하는 행복은 회의의 대상이 될 만한 겁니다. 그렇지만 자본주의라는 종교가 약속하는 행복은 이와 완전히 다릅니다. 자본을 가지면, 다시 말해 많은 돈을 가지면, 그만큼 현실에서도 행복할 것이라고 보증하기 때문입니다. 그래서 자본주의는 인간이 만든 종교 가운데 가장 완벽한 것이라고 할 수 있습니다. 지갑에 백만 원이 들었을 때와 천 원이 들었을 때가 있습니다. 과연 우리는 어느 때 행복 혹은 안식을 느끼게 될까요? 당연히 전자일 겁니다.

  자본주의를 성찰할 때 짐멜이 가장 일차적으로 주목하는 것도 바로 이 점입니다. 가능한 하나의 경제 체제라는 단순한 사실보다, 그는 자본주의가 인간에게 세속적인 종교로 기능한다는 점에 주목합니다.

> 존재의 모든 낯섦과 화해 불가능성은 신에게서 통일성과 화해를 발견한다는 이 이념으로부터 평화에 대한 감정, 안전에 대한 감정, 그리고 모든

것을 포괄하는 풍성함에 대한 감정이 발생하게 된다. 이런 감정은 신에 대해 생각하거나 아니면 우리가 신을 소유하고 있다는 생각으로부터 가능한 것이다. 의심할 여지없이 돈이 자극하는 감정은 이런 종교적 감정과 심리학적 유사성을 지니고 있다. (……) 돈은 우리들로 하여금 개별적인 것을 초월하도록 해주며, 돈이 지닌 전능을 마치 하나의 최고 원리가 지니는 전능인 양 신뢰하도록 만든다. 동시에 이 원리는 언제든지 우리를 개별적이고 비천한 것으로 바꾸어버리기도 한다. 따라서 순전히 심리학적으로 보면—이른바 형식적으로 보면—돈의 소유가 허락해주는 안정과 평온의 감정, 그리고 돈으로 모든 가치를 포괄할 수 있으리라는 확신은 돈이 우리 시대의 신이라는 탄식에 대해 심층적인 근거를 제시해주는 방정식이다.

― 《짐멜의 문화론Simmel on Culture》

백만 원을 가지고 있다면, 우리는 이 돈으로 살 수 있는 모든 것을 꿈꾸며 행복해할 겁니다. 예쁜 옷, 맛있는 음식, 최신 휴대전화 등등을 구매하는 자신의 모습을 상상해보세요. 얼마나 행복해 보이나요. 그렇지만 이미 우리는 알고 있습니다. 가지고 있던 돈이 상품 구매로 줄어들수록, 우리는 신의 버림을 받은 것처럼 자신이 점점 초라해지고 있다는 사실에 직면하게 될 겁니다. 그렇습니다. 우리가 가진 돈은 그 액수에 해당하는 모든 것들을 지배할 수 있는 가능성을 부여합니다. 반대로, 상품을 사느라고 돈이 완전히 사라질 때 우리는 돈이 주는 은총을 더는 받을 수가 없습니다. 당연히 우리는 돈을 벌기 위해서 돈을 가진 사람에게 자신을 팔아야 합니다. 한마디로 말해서 우리는 하나의 인격이 아니라 개별적인 상품으로 전락해버린 셈이지요. 그렇기 때문에 짐멜은 돈의 전능한 힘이 "우리를 개별적이고 비천한 것으로 바꾸어버리기도 한다"고 지적했던 겁니다.

종교를 가진 사람은 십자가나 불상에 기도할 때 편안함을 느낍니다. 그것은 모든 개별적인 것을 초월한 신과 직접 관계를 맺고 있다는 느낌, 정확히 말해서 신으로부터 전폭적인 보호와 지지를 받고 있다는 느낌 때문일 겁니다. 그로부터 짐멜의 말처럼 "평화에 대한 감정, 안전에 대한 감정, 그리고 모든 것을 포괄하는 풍성함에 대한 감정이 발생하게 되는" 것이지요. 자본이라는 신을 믿고 있는 우리는 돈을 가지고 있을 때 이와 비슷한 감정을 느끼는 것 아닐까요? 우리도 "돈의 소유가 허락해주는 안정과 평온의 감정"을 느끼기 때문입니다. 물론 그것은 "돈으로 모든 가치들을 포괄할 수 있으리라"는 무의식적인 확신으로 가능한 것이지요. 그래서 그런지 월급이나 보너스가 입금되는 날, 혹은 로또와 같은 횡재로 돈이 수중에 들어오는 날, 우리는 행복과 안식의 느낌을 갖게 되나 봅니다.

• 3 •

돈을 경배할수록 사물의 차이에 둔감해진다

 돈을 가지고 백화점에 가면, 우리는 자신이 매우 자유롭다는 느낌을 갖게 됩니다. 이 매장에서 옷을 살 수도 있고, 저 매장에서 구두를 살 수도 있으니까요. 나아가 매장 직원들이 아첨할 때, 우리는 자신이 그들보다 우월하다는 느낌도 아울러 갖게 되지요. 자본주의는 화폐를 가진 사람이 상품을 가진 사람보다 우월하고 자유롭도록 보장하는 체제입니다. 그렇지만 이런 자유와 우월도, 상품을 구매해서 돈이 수중에서 사라지는 순간, 흔적도 없이 사라지게 마련입니다. 왜 그럴까요? 소비를 끝낸 우리에게는 상품만이 덩그러니 남겨지기 때문입니다. 이제 우리는 화폐를 가진 사람이 아니라 상품을 가진 사람이 된 겁니다. 즉 돈이 허락했던 자유와 우월감이 사라진 것이지요. 그렇지만 돈이 허락했던 이런 느낌을 맛본 사람은 다시 돈을 벌기 위해서 혈안이 됩니다. 이런 식으로 우리는 자기도 모르는 사이에 자본주의라는 종교에 천천히 편입되어가고, 점점 더 화폐라는 신에게 자신의 온 신경을 집중하게 됩니다.

　광신도는 가족도, 친구도, 직장도 신을 위해 포기하는 경우가 종종 있습니다. 이것은 그가 의도적으로 그러는 것은 아닙니다. 그는 신에게만 관심과 온 정신을 쏟기 때문에 가족, 친구, 직장에 대해서는 그럴 만한 정신적 여유가 없을 뿐입니다. 돈을 맹신하는 자본주의 광신도도 마찬가지 아닐까요? 돈의 광신도는 그것이 주는 안정과 평온의 감정에 매료되어 자신과 더불어 살아가는 타인들이나 주변의 사물들에 시선을 둘 여지가 없습니다. 돈이라는 신에게 매료되어, 자신의 삶에서 마주치는 것들에 둔감해지는 것이지요. A에 정신적 에너지를 집중하면 할수록 B에는 그만큼 적은 에너지가 투사될 수밖에 없다는 것은 어쩌면 당연한 일이라고 할 수 있습니다. 그래서 짐멜도 돈이라는 신을 경배하면 할수록 우리는 사물의 차이, 혹은 사물의 다양성에 둔감해질 수밖에 없다고 지적했던 겁니다.

> 둔감함의 본질은 사물의 차이에 대한 마비 증세이다. (……) 둔감해진 사람에게 그런 차이들은 모두 똑같이 침침하고 우울한 색조로 나타나며, 다른 것보다 선호될 가치가 있는 것은 아무것도 없게 된다. 영혼의 이런 심정은 철저하게 대도시 안에 침투한 화폐 경제에 대한 충실한 주관적 반응이다. 돈은 사물의 모든 다양성을 균등한 척도로 재고, 모든 질적 차이를 양적 차이로 표현하며, 무미건조하고 무관심한 태도로 모든 가치의 공통분모임을 자처함으로써 아주 가공할 만한 평준화 기계가 된다. 돈은 이로써 사물의

핵심과 고유성, 특별한 가치, 비교 불가능성을 가차 없이 없애버린다.

— 《짐멜의 문화론》

역사적으로 보아도 대도시가 발달하게 된 것은 자본주의가 발전했기 때문입니다. 새로운 노동력을 구매하거나, 새로운 제품을 마케팅하거나 판매할 때, 한 공간에 노동자와 소비자가 모여 있는 것이 그렇지 않은 경우보다 훨씬 더 유리한 조건입니다. 그만큼 싼 값으로 노동자를 고용할 수 있고, 또 효과적으로 상품을 마케팅하고 소비자에게 전달할 수 있으니까 말이지요. 그래서 대도시에는 수많은 인간과 사물들이 돈으로 구매할 수 있는 상품으로 우글거리게 됩니다. 이럴 때 화폐는 우리에게 더 큰 힘을 발휘합니다. 사람들이 많아질수록 임금은 낮아질 수밖에 없고, 그만큼 돈 버는 것이 힘들어질 테니까 말이지요. 이런 조건에서 타인과 사물에 대한 섬세한 반응을 기대하는 것은 어불성설일 겁니다. 돈의 위상이 높아질수록, 타인과 사물은 돈으로 환산되는 상품으로 여겨질 수밖에 없지요. 그래서 대도시인들은 타인과 사물이 가지는 "고유성, 특별한 가치, 비교 불가능성"에 둔감해지는 겁니다.

최승호 시인이 오렌지 주스와 커피를 혼동했던 것도 이런 이유에서입니다. 만약 자동판매기가 아니라 오렌지나 커피 원두를 직접 보고 향을 맡으며 구매했다면 이런 착각은 하지 않았을 겁니다. 자동판매기란 돈을 벌기 위해서 음료들을 동일한 기계에 넣어 거의 유사한 가격에 구매할 수 있도록 평준화한 기계입니다. 그래서 자동판매기란 자본주의의 상징 혹은 돈의 육화라고 할 수 있습니다. 이런 자동판매기 앞에서 시인은 사물들의 비교 불가능성에 둔감해지고 있는 자신을 발견하고 몸서리칩니다. 그리고 이런 무서운 습관을 각인시킨 자본주의를 냉정한 눈으로 들여다봅니다. 흥미롭게도 최승호 시인도 짐멜과 마찬가지로 자본주의의 비밀을 종교성에서 찾습니다. "黃金교회", "돈의 權能", "十字架를 세운 자동판매기", "神" 등등의 단어는 이 점을 분명하게 보여줍니다. 결국 시인은 우리에게 외치고 있는 겁니다. 우리는 돈을 경배하는 거대한 종교 사회에 포획되어 살아가는 것 아니냐고 말이지요.

더 읽어볼 책들

최승호, 《고슴도치 마을》, 문학과지성사, 1985년

지금 최승호는 동시나 동요 작가로 알려져 있다. 그렇지만 그는 1980년대 정치적으로나 경제적으로 암울했던 시대상을 있는 그대로 포착하는 데 성공한 시인이기도 하다. 《대설주의보》와 함께 《고슴도치 마을》은 시인이 얼마나 비범했는지를 가장 잘 보여주는 시집이라고 할 수 있다. 두 시집을 넘겨보면 우리는 시인이 미래에 대해 별로 낙관적이지 않다는 사실을 알게 된다. 소박하나마 희망을 가지고 본다면 암울한 시대상도 편하게 볼 수 있을 텐데 말이다. 바로 여기에 최승호 시인의 강인한 정신이 있다. 암울함을 정면으로 응시하는 것, 이것은 아무나 할 수 있는 일이 아니기 때문이다. 다행스러운 것은 최근 최승호 시인이 아이들을 시의 세계로 안내함으로써 암울함을 근본적으로 극복할 수 있는 씨앗을 뿌리고 있다는 점이다. 암울한 시인보다 희망을 품은 시인이 더 보기 좋은 건, 나만의 생각일까.

게오르그 짐멜, 김덕영·윤미애(옮김), 《짐멜의 모더니티 읽기》, 새물결, 2005년

짐멜은 논문적 글쓰기보다는 에세이적 글쓰기로 유명한 사람이다. 《짐멜의 모더니티 읽기》는 그의 에세이들 중 모더니티를 다룬 글들을 한데 모은 것이다. 특히 이 책에는 〈현대 문화에서의 돈〉, 〈대도시와 정신적 삶〉이란 유명한 에세이 두 편이 실려 있다. 작은 에세이에 불과하다고 얕보지 말자. 두 편의 에세이로 확인할 수 있는 짐멜의 통찰은 사회학 전공 서적 수십 권을 읽는 것보다 더 유익한 교훈을 줄 것이기 때문이다. 벤야민이나 루카치 같은 현대 사회철학자들의 사상을 이해하려면, 독자들은 반드시 짐멜을 점검해볼 필요가 있다. 청년 시절 벤야민이나 루카치처럼 사회철학계를 이끌 젊은이들에게 가장 강렬한 영향을 끼친 사람이 바로 짐멜이기 때문이다.

가라타니 고진, 김경원(옮김), 《마르크스 그 가능성의 중심》, 이산, 1999년
일본에서 가장 중요한 사상가로 성장한 가라타니 고진에게 명성을 안겨준 초기 저작이다. 뛰어난 인문 저자가 어떻게 사유하고 어떻게 글을 써야 하는지 몸소 보여주고 있는 역작이다. 이 책을 통해 독자들은 자본주의에 대한 마르크스의 통찰이 아직도 유효하다는 사실을 절실히 느끼게 될 것이다. 이 책을 읽은 다음, 2005년에 출간된 가라타니 고진의 주저 《트랜스크리틱—칸트와 마르크스 넘어서기》(한길사)를 읽으면 좋을 것 같다. 《마르크스 그 가능성의 중심》에 자본주의에 대한 마르크스의 냉정한 진단이 실려 있다면, 《트랜스크리틱》에서는 칸트를 이용하여 자본주의를 넘어서는 방법을 진지하게 모색하고 있기 때문이다.

chapter 3

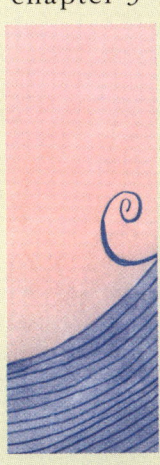

차이의 포용 혹은
여성성의 문화
·
문정희와 이리가레이

유방
문정희

윗옷 모두 벗기운 채

맨살로 차가운 기계를 끌어안는다

찌그러지는 유두 속으로

공포가 독한 에테르 냄새로 파고든다

패잔병처럼 두 팔을 들고

맑은 달 속의 흑점을 찾아

유방암 사진을 찍는다

사춘기 때부터 레이스 헝겊 속에

꼭꼭 싸매놓은 유방

누구에게나 있지만 항상

여자의 것만 문제가 되어

마치 수치스러운 과일이 달린 듯

깊이 숨겨놨던 유방

우리의 어머니가 이를 통해

지혜와 사랑을 입에 넣어주셨듯이

세상의 아이들을 키운 비옥한 대자연의 구릉

다행히 내게도 두 개나 있어 좋았지만

오랫동안 진정 나의 소유가 아니었다

사랑하는 남자의 것이었고

또 아기의 것이었으니까

하지만 나 지금 윗옷 모두 벗기운 채

맨살로 차가운 기계를 안고 서서

이 유방이 나의 것임을 뼈저리게 느낀다

맑은 달 속의 흑점을 찾아

축 늘어진 슬픈 유방을 촬영하며

• 1 •

유방암 검사를 받으며

《오라, 거짓 사랑아》라는 시집에 실린 〈그 많던 여학생들은 어디로 갔는가〉라는 제목이 붙어 있는 시를 아시나요? 바로 문정희文貞姬, 1947- 시인의 시입니다. "학창 시절 공부도 잘하고/특별활동에도 뛰어나던 그녀/여학교를 졸업하고 대학 입시에도 무난히/합격했는데 지금은 어디로 갔는가/(……) 그 많던 여학생들은 어디로 갔을까/저 높은 빌딩의 숲, 국회의원도 장관도 의사도/교수도 사업가도 회사원도 되지 못하고/개밥의 도토리처럼 이리저리 밀쳐져서/아직도 생것으로 굴러다닐까/크고 넓은 세상에 끼지 못하고/부엌과 안방에 갇혀 있을까/그 많던 여학생들은 어디로 갔는가."

문정희 시인의 눈에 비친 여성들의 모습은 애처롭기까지 합니다. 시인의 시선을 통해 우리는 지금까지 애써 외면하려고 했던 여성의 삶에 눈을 돌리게 됩니다. 그렇습니다. 굉장히 많은 미덕과 장점을 가지고 있지만, 아직도 우리 주변 대부분의 여성들은 남성 중심적 사회에서 시인의 말대로 "개밥의 도토리처럼 이리저리 밀쳐져서 아직도 생것으로 굴러다니고" 있습니다. 단지 여성이라는 이유로 말입니다. 중요한 것은 여성의 삶에 대한 시인의 통찰이 여성으로서 투철한 자기 성찰로부터 가능했다는 점입니다. 여성으로서 문정희 시인이 자신의 여성성을 가장 서글프고 애틋하게 성찰했던 흔적이 〈유방〉이란 시에서보다 더 분명하게 나타난 경우는 없을 것 같습니다.

불혹의 나이 마흔이 넘으면 여성들은 누구나 유방암 검사를 받게 됩니다. 이것은 문정희 시인도 예외는 아니었나 봅니다. 유방암 검사를 받으며 시인은 유방으로 상징되는 자신의 여성성을 때로는 흐뭇하게, 때로는 서글프게 회상합니다. 그래서 〈유방〉은 시인으로서 그녀의 속앓이를 가장 잘 보여주는 시라고 할 수 있습니다. 시인의 말대로 여성의 유방은 한때 사랑하는 남자 것이었고, 또 시간이 지나서는 아이 것이었습니다. 그렇지만 모든 사람들이 떠난 카페에 덩그러니 혼자 남은 사람처럼, 이제 마흔이 넘어서 유방은 누구도 돌보지 않는, 혹은 누구도 만지려들지 않는 "슬픈 유방"으로 변하고 만 겁니다. 불행한 일입니다. "축 늘어져 슬퍼 보일" 때가 되어서야 유방은 마침내 그녀 것이 되었다는 사실이 말이지요. 아니 정확히 말해 이제 그녀의 유방은 누구도 돌보지 않는 외로운 것이 된 겁니다. 아무도 만지려들지 않기 때문이지요. 이제 자신이 아니라면 그 누가 그녀의 유방을 살갑게 보듬어줄 수 있을까요?

여기서 우리는 시인이 명확히 의식하고 있지 않은 유방이 가진 애매한 지위를 생각하지 않을 수 없습니다. 그것은 유방이 여성에게 속하지만 동시에 타자에게 속한다는 사실, 나아가 유방은 타자와의 접촉을 통해서만 의식된다는 사실입니다. 사랑하는 남성이 때론 부드럽게, 때론 격정적으로 애무할 때 여인은 자신의 유방을 부끄럽게 의식할 것이고, 아이가 젖을 빨 때 그녀는 자신의 유방을 생명의 원천으로 의식하겠지요. 유방암 검사를 받기 위해 차가운 기계에 몸을 붙일 때 시인은 자신의 처진 유방을 슬픔으로 의식하게 됩니다. 어쩌면 시인이 느낀 슬픔은 자신의 유방이 따뜻한 온기를 가진 타인의 손이 아니라 냉담한 기계와 접촉했기 때문에 비롯된 것이라고 할 수 있을 것 같습니다. 그래서 그녀의 눈에는 자신의 처진 유방이 슬퍼 보였던 겁니다. 그렇지만 어느 순간 따뜻한 손길을 경험한다면, 그녀의 유방은 다시 한 번 생기를 되찾을 수 있지 않을까요?

• 2 •

여성의 몸과 감수성,
그리고 차이의 문화를 위하여

문정희 시인의 시를 읽노라면, 떠오르는 여성 철학자가 한 명 있습니다. 그녀는 바로 뤼스 이리가레이Luce Irigaray, 1932~ 입니다. 페미니즘feminism에 관심을 가졌던 분들이라면 익숙한 이름이겠지만, 대부분의 사람들에게는 발음하기조차 힘든 낯선 이름일 겁니다. 페미니즘이란 단어를 들으면 무엇을 연상하시나요? 아마 기존의 순종적인 여성과는 달리 적극적이고 진취적으로 자신의 입장을 피력하는 여성, 남자처럼 당당하게 음주와 흡연을 즐기며 중성적인 패션을 선호하는 여성, 혹은 결코 귀갓길을 서두르지 않고 자신의 감정과 느낌에 솔직한 여성 등등이 떠오르실 겁니다. 그래서 그런지 페미니즘은 남성적 사회로부터 부당한 차별을 받는 여성의 삶을 폭로하며, 여성들에게도 남성과 마찬가지로 동등한 권리와 기회를 제공해야 한다고 주장하는 입장으로 이해되고 있습니다.

페미니즘의 다양한 경향 중 가장 혁명적인 것이 아마 사이버페미니

즘cyber-feminism일 겁니다. 사이버페미니즘을 따르는 여성들은 과학기술의 발달을 이용하여 여성의 육체적 한계를 극복하려고 적극적으로 시도합니다. 예를 들어볼까요. 100미터 경주에서 여성이 남성을 이기는 경우는 매우 드뭅니다. 그렇지만 만일 자동차나 오토바이를 이용한다면, 여성은 남성을 가볍게 추월할 수 있을 겁니다. 또 무거운 짐을 들 때도 여성이 남성보다 더 많이 들기는 힘듭니다. 그렇지만 포클레인을 사용할 수만 있다면, 상황은 완전히 달라질 겁니다. 사이버페미니즘의 추종자들은 적극적이고 능동적인 삶에 장애가 된다면, 심지어 여성의 신체마저도 적극적으로 개조할 필요가 있다고 이야기합니다.

구체적으로 말해볼까요. 아이를 출산했고 더는 임신할 의사가 없다면, 유방이나 자궁을 제거할 필요가 있다는 겁니다. 유방이나 자궁이 있다면, 여성 특유의 부인암에 노출될 위험이 있을 뿐만 아니라, 생리와 같은 현상으로 활동이 위축될 수밖에 없다는 생각 때문이지요. 수영장 정기권을 끊어도 생리 때문에 가지 못하는 경우나, 멀리 여행을 가려고 해도 생리 때문에 망설이는 일은 있을 수 없다는 겁니다. 결국 사이버페미니즘은 여성으로서의 육체적 한계를 기술의 힘으로 극복하여 남성과 대등하게 경쟁할 수 있는 여성을 새롭게 만들고자 합니다. 이는 굉장히 혁명적인 생각입니다. 그래서 그런지 페미니즘을 심정적으로 받아들이는 여성일지라도 사이버페미니즘의 주장에는 고개를 설레설레 흔드는 것이 보통입니다.

뤼스 이리가레이는 사이버페미니즘으로 상징되는 통상적인 페미니즘의 이미지, 즉 남성과 대등하게 경쟁하는 여성의 이미지를 거부한 것으로 유명한 철학자입니다. 그녀는 남성과 여성을 '평등하다'고 보는 견해 자체를 탐탁지 않게 보고 있기 때문입니다.

> 이론상으로 여성들은 재산의 획득이나 소유에 관해 이전에는 갖지 못했던 권리들을 누린다. 그러나 이 진보는 불충분하고 의지할 만한 것이 못 되기 때문에 그것이 생명의 권리 및 언제나 성별이 있는 권리를 수반할 때 비로소 확고한 것이 될 수 있을 따름이다. 사실 생명은 중성이 아니다. 그리고 얼마 전부터 여성과 남성은 '평등하다' 또는 '평등해져가고 있다'라는 사항이 거의 민중의 아편이 되어가고 있다. (……) 그녀들은 여자가 되지 않고 남자가 된다. 그것이야말로 여성 정체성을 인정하는 대신 남성 세계가 여성에게 요구하고 있는 것이다.
>
> ―《나, 너, 우리―차이의 문화를 위하여 Je, Tu, Nous. Pour une culture de la différence》

이리가레이는 여성은 남성과는 구별되는 존재라는 확실한 입장을 가지고 있었습니다. 물론 과거와 비교해볼 때, 여성의 법적인 지위가 향상된 것은 사실입니다. "여성과 남성은 평등해져가고 있는" 중이지요. 그렇지만 이리가레이는 평등이란 단어가 함축하고 있는 폭력성에 주목합니다. 이것은 남성과 여성 사이의 존재론적 차이를 부정하는 논리를 숨기고 있기 때문입니다. 다시 말해 이리가레이에 따르면, 남녀평등 이념 속에서 평등이란 잣대는 여전히 남성적일 수밖에 없다는 겁니다. 그래서 그녀는 남녀평등이란 미명이 "민중의 아편"과 같다고 이야기했던 겁니다. 남성사회에서 요구하는 기준에 맞추어 자신을 만들어가게 되면, 여성들은 여성으로서의 정체성을 버리고 남성적 정체성을 내면화하기 때문이지요.

만일 평등의 숨겨진 기준인 남성성이 소망스러운 것이라면, 남성과 대등해지려는 노력은 정당한 것일 수 있습니다. 그렇지만 과연 그럴까요? 남성이 지배했던 가부장적 역사는 경쟁, 살육, 갈등 그리고 전쟁으로 점철되지 않았던가요? 그래서 이리가레이는 남성과 여성의 성적 차이가 희미해지는 상황을 우려의 눈으로 바라봅니다. 이런 상황은 여성의 삶뿐만 아니라 인류의 미래마저 암울하게 할 수 있다고 판단했기 때문입니다. 그녀의 생각에 따르면, 남성들이 여성성을 확보할 때 인류는 과거의 참혹했던 갈등의 역사를 극복하고 타자와 공존하는 새로운 역사를 만들어갈 수 있습니다. 왜 이런 판단을 하게 되었을까요? 그녀의 말을 직접 들어보지요.

> 여성의 몸은 병이나 거부반응, 생체 조직의 죽음을 유발하지 않고 자기 안에 생명이 자라도록 관용하는 특수성을 지닌다. 불행히도 문화는 타자에 대해 존중하는 이 구조의 의미를 거의 뒤바꾸어놓았다. 문화는 모자관계를 종교적 우상으로까지 맹목적으로 숭배하였으나, 이 관계가 나타내는 자기 안에서 타자를 관용하는 모델에 대해서는 전혀 이해하지 못하였다. (……) 남성 위주의 문화는 다른 성이 가져온 것을 사회에서 배제해버린다.

여성의 몸은 차이를 존중하는 반면, 가부장제 사회라는 거대한 몸은 차이를 배제하고 계급 서열상으로 구성되어 있다.

— 《나, 너, 우리-차이의 문화를 위하여》

이물질이 들어오면 유기체로서 우리 몸은 온갖 면역 체계를 동원하여 그것을 제거하려고 합니다. 감기 바이러스와 같은 작은 생명체가 침입해도 온몸에서 거부반응이 일어나는 것이 이런 이유에서이지요. 그렇지만 예외적인 경우가 하나 있습니다. 그것이 바로 이리가레이가 주목하고 있는 것처럼 여성만이 겪을 수 있는 임신이란 경험입니다. 자궁 속 태아는 여성에게 우리 몸에 침입하는 이물질과 유사하게 자신이 아닌 것, 즉 타자로 경험됩니다. 태아는 자기만의 고유한 체계를 가진 유기체이기 때문이지요. 그럼에도 여성은 이런 타자와 10개월이나 공존합니다. 타자와의 공존이 생물학적으로 확인 가능하다는 사실이 놀라울 뿐입니다. 그보다 더 중요한 것은 여성이 뱃속에서 꿈틀대는 태아를 10개월 정도나 견뎌내는 경험을 한다는 점 아닐까요? 바로 이로부터 타자와 공존할 수 있는, 혹은 차이를 견뎌낼 수 있는 여성적 감수성이 길러지기 때문이지요.

임신 경험이 아니더라도 여성은 온몸이 바닥으로 무겁게 가라앉는 경험, 즉 생리를 경험하는 존재입니다. 불편함, 무거움, 뼛속까지 관통하는 통증 등등. 생리와 관련된 경험도 이물질과의 공존에 버금가는 여성적 감수성의 육체적 토대라고 할 수 있을 겁니다. 이리가레이는 여성의 몸, 그리고 여성의 감수성을 토대로 여성적 문화라는 새로운 이념을 모색하고자 합니다. 그녀에게 여성적 문화는 남성적 문화, 혹은 차이를 배제하고 억압하려는 가부장적 경향의 가장 반대편에 있는 것이었습니다. 타자와의 공존과 소통이 가능한 사회나 문명은 인간이 궁극적으로 이루어야 할 소망일 겁니다. 이 대목에서 이리가레이는 우리에게 한 가지 결단을 요구합니다. 여성적 감수성을 선택할 것인가, 아니면 남성적 폭력성을 선택할 것인가?

• 3 •

여성의 감수성을 표현할 수 있는
언어를 만들자

　이리가레이가 확신하는 것처럼 여성적 문화는 인류 문명의 희망일 겁니다. 여성적 문화란 차이를 견디는 문화, 타자를 포용하는 문화이기 때문이지요. 그렇지만 모든 문화가 그렇듯이, 문화란 언어를 대표로 하는 상징 체계로 구성될 수밖에 없습니다. 여기서 여성적 문화를 추구했던 이리가레이는 심각한 난점에 직면하게 됩니다. 그것은 바로 여성에게는 자신의 감수성을 표현할 수 있는 언어가 부재하다는 사실입니다. 그렇습니다. 지금 우리에게 주어진 모든 언어는 남성의 언어이기 때문입니다. 이것은 우리가 사용하는 언어가 차이를 배제하려는 남성의 몸으로부터 유래한 언어라는 것을 의미합니다. 그렇다면 지금까지 여성은 남성의 언어라는 외국어를 학습하여, 그것을 통해 자신을 표현했던 겁니다.

　남성의 담화에서 대부분 세계는 주체의 우주에 동화되는 추상적 무생물로 지시된다. 현실은 남성 주체의 집단적·개인적 역사와 연결된, 이미 문화적인 현실로 나타난다. (……) 한편 여성의 담화는 남성을 주체로 지시하며, 구체적인 무생물의 대상으로서 세계는 타자의 우주에 속한 것으로 표현된다. 그러므로 여성은 실제 환경과의 관계를 유지하나, 그것을 자신의 것으로 주체화하지는 못한다. 여성은 구체적인 현실의 체험을 위한 장소에 남아 있으나, 그것을 조직하는 문제는 타자에게 맡긴다.

— 《나, 너, 우리—차이의 문화를 위하여》

먼저 이리가레이는 여성의 담화가 자신의 경험과는 이질적인 남성의 담화에 종속되어 있는 현실을 지적합니다. 이 점에서 "여성은 구체적인 현실의 체험을 위한 장소에 남아 있으나, 그것을 조직하는 문제는 타자에게 맡긴다"는 그녀의 지적은 음미해볼 만한 가치가 있습니다. 타자와의 차이를 포용하는 여성적 경험이야말로 구체적인 현실의 체험이라고 할 수 있습니다. 타자와의 차이가 우글거리는 곳이 바로 현실이자 구체성이기 때문이지요. 그럼에도 그 체험을 표현하고자 할 때 여성은 자신의 언어를 사용하지 못합니다. 남성의 담화를 통해서만 표현하도록 강제하는 문화 속에 살고 있기 때문입니다. 문제는 남성의 담화가 논리적이고, 그래서 폭력적일 수밖에 없다는 사실입니다. 그것은 논리가 모순을 배제하기 때문입니다.

예를 하나 들어볼까요. 직장에 갑작스런 일이 생겨 아이와의 약속에 늦게 간 여성이 있었습니다. 불행히도 약속에 늦는 엄마를 걱정하던 아이는 엄마의 직장을 찾아가다가 뺑소니 차량에 치여 숨을 거두게 됩니다. 검사나 형사 앞에서 그녀는 절규할 겁니다. 그 아이를 죽인 것은 자신이라고 말이지요. 물론 그녀는 알고 있습니다. 아이를 죽인 것은 자신이면서 동시에 자신이 아니라는 사실을 말이지요. 그렇지만 검사나 형사가 논리적인 남성이라면, 그들은 짜증을 낼 겁니다. "이것 보세요 아주머니! 정확히 이야기하세요. 아이를 죽인 것이 당신이라는 겁니까, 아니라는 겁니까?" 아이를 죽인 것이 뺑소니 운전자라는 사실을 알고 있는 그들에게 "아이를 죽인 것은 자신이면서 동시에 자신이 아니기도 하다"라는 그녀의 말은 당혹스러울 뿐입니다.

탄생은 태어나지 않음과 태어남이 공존하는 경계를 거쳐야만 하고, 사랑도 사랑하지 않음과 사랑함이 공존하는 경계를 넘어서야만 하고, 죽음도 살아 있음과 살아 있지 않음이 공존하는 경계를 통과해야 하는 법입니다. 그렇지만 남성의 담화는 사랑에 망설이는 상대방에게 요구합니다. 사랑한다면 사랑하는 것이고, 사랑하지 않는다면 사랑하지 않는 것이라고 말이지요. 그렇지만 여성은 자신이 사랑하면서 동시에 사랑하지 않는 모순된 감정이 공존하는 상태라는 사실을 압니다. 그러니까 자꾸 나중에 대답하겠다고 사랑을 채근하는 남성에게 이야기하는 겁니다. 이처럼 여성의 감수성은 현실이란 모순된 것의 공존이라는 것을 직감하고 있습니다. 앞에서 말했지만 이것은 여성이 자신과 자신 아닌 것, 즉 타자와의 공존을 몸으로 체험할 수 있기 때문에 가능한 것이지요. 임신부가 "나는 나이면서 동시에 내가 아니다"라고 말할 수 있고, 생리 중인 여성이 "내 몸은 나의 것이면서 동시에 나의 것이 아니다"라고 말할 수 있는 것도 이런 이유에서입니다.

이처럼 남성의 언어가 논리적이라면 여성의 언어는 애매하고 문학적입니다. 남성은 모순된 것의 공존을 부정하지만, 여성은 모순된 것의 공존을 긍정하기 때문입니다. 남성의 사유는 낮이면 낮이고 밤이면 밤으로 이분법적이고 논리적으로 작동하지만, 여성의 감수성은 모든 시간이 어느 정도의 밝음과 어느 정도의 어둠이 공존하는 것으로 경험합니다. 이처럼 모순이란 바로 차이 혹은 타자와 공존하는 구체적인 삶의 현상에서 느껴질 수밖에 없는 것 아닐까요? 그렇습니다. 삶의 중요한 대목은 대부분 논리적이기보다는 애매한 겁니다. 모순이 항상 공존하는 것이 현실이기 때문입니다. 문학 또는 시가 논리학이나 법학보다 "구체적인 체험의 현실"을 더 잘 포착할 수 있는 법입니다. 이제야 플라톤Plato, BC 428?~BC 348?이 왜 《국가Politeia》에서 시인을 추방해야 한다고 했는지 분명해집니다. 남성적 정치 질서를 구축하기 위해 여성적 문학을 배제하려는 그의 욕망 때문이었던 겁니다.

보통 여성은 남성보다 수다스럽고 잔소리를 많이 한다는 통념이 있습니다. 옳은 지적입니다. 그렇지만 그것은 여성들이 자신들의 언어를 가지고 있지 않기 때문에 벌어진 현상이라고 해야 할 것 같습니다. 남성들의 언어로 자신의 경험을 표현하다 보면, 여성들은 언어의 부적절함을 통감하게 됩니다. 그러니 다시 혹은 자세하게 자신의 말을 다듬어 표현하게 되는 것이지요. 더군다나 타자와의 차이를 포용하는 감수성을 가지고 있기 때문에, 여성들은 상대방이 자신의 감정을 제대로 이해하지 못했다는 느낌이 들면 반복적으로 새로운 표현을 찾을 수밖에 없는 겁니다. 이것이 타인의 시선에서는 수다스러움이나 잔소리로 보이는 원인이라고 할 수 있지요. 잊지 말아야 합니다. 타자에 대한 민감한 감수성이 없다면, 새로운 단어를 찾아 집요하게 표현하려는 노력도 불가능하다는 사실을 말입니다.

이리가레이는 지금까지 여성을 위한 담화 혹은 여성적 언어를 만들려고 집요하게 노력했습니다. 그렇지만 그녀의 노력을 단순히 여성만을 위한 언어를 만들려는 시도라고 오해해서는 안 됩니다. 이리가레이의 여성적 문화는 인류의 소망스러운 미래를 위한 문화, 그러니까 남성과 여성이 서로 공존할 수 있는 문화이기 때문입니다. 문정희 시인이 우리에게 중요한 이유도 바로 여기에 있습니다. 시인을 통해 우리는 여성적 감수성과 여성적 문화의 가능성을 맛볼 수 있기 때문이지요. 문정희 시인의 시들을 읽어보았다면, 이리가레이는 아마 여성적 감수성에 어울리는 여성적 언어를 만드는 데 평생을 바친 시인에게 경의를 표했을지도 모를 일입니다.

문정희 시인의 여성적 감수성은 〈유방〉이란 시에 고스란히 담겨 있습니다. 사랑하는 남성의 거친 격정을 품어주었던 유방, 배고픔을 해소하려는 난폭함에도 고스란히 자신을 내주었던 유방. 그 아련한 여성성의 추억을 차가운 기계 앞에서 떠올리는 시인은 자신의 처진 유방을 '슬픔'으로 받아들였습니다. 그러나 그것은 차이와 타자를 훌륭하게 견뎌내면서 성찰한 여성성을 상징하는 것 아닐까요? 더군다나 시인이 슬픔으로 보았던 유방은 차가운 기계가 아니라 따뜻한 온기를 가진 타인의 손에 의해서 언제든지 기쁨과 생기를 되찾을 수 있지 않을까요? 이것은 단지 나만의 생각일까요? 여러분은 어떻게 생각하시나요?

더 읽어볼 책들

문정희, 《지금 장미를 따라》, 뿔, 2009년

한때 문정희는 가부장제에서 살아갈 수밖에 없는 여성의 삶을 폭로하면서 그 부당함을 알린 여성 투사였다. 그러나 점점 나이가 들면서 그녀는 여우처럼 변해간다. 가부장제 사회에서 살 수밖에 없다면, 정규전이 아니라 비정규전으로 전투를 수행하는 것이 더 효과적이라는 사실을 알게 된 것이다. 한마디로 그녀는 게릴라가 되었다. 적의 무기를 노획하여 그것으로 적을 한 방 먹이고 잽싸게 빠져나가는 게릴라 말이다. 동시에 그녀는 여성성의 가치를 점점 더 긍정하는 방향으로 시를 써내려가기도 한다. 여성의 당당한 욕망이라고나 할까, 아니면 남성을 골탕 먹이는 여우짓이라고나 할까. 《지금 장미를 따라》는 그녀 스스로 지금까지 출간했던 시집을 추려서 직접 만든 자선집이다. 가시에 찔려 피가 나는 위험을 감내해야만 예쁜 장미를 꺾을 수 있는 법이다. 여성으로서 삶을 아름답게 살아내려면 그런 위험쯤은 달게 감내해야만 한다는 취지의 시집 제목이 인상적이다.

이리가라이, 박정오(옮김), 《나, 너, 우리-차이의 문화를 위하여》, 동문선, 1998년

이리가레이는 여성적 감수성을 토대로 한 사회가 되지 않는다면, 인류에게는 희망이 없다고 확신했던 철학자다. 그래서 그런지 그녀는 여성적 감수성을 살릴 수 있는 여성적 언어를 만들려고 부단히도 노력한다. 그녀의 책들 대부분이 가부장제 이전의 흔적을 담고 있는 신화의 세계를 다루는 것도 이런 이유에서다. 모계 사회에서 사용된 언어를 복원하려는 시도라고 할 수 있다. 그래서《나, 너, 우리》는 이리가레이를 이해할 때 매우 중요한 위상을 차지하는 책이다. 그녀의 철학적 통찰이 다양한 양식으로 쉽게 전달되기 때문이다. 특히 책에 실려 있는 인터뷰는 자신의 입장에 대한 그녀의 육성을 직접 들을 수 있는 매우 얻기 힘든 기회라고 할 수 있다.

쉐인리 외, 이남석·이현애(옮김),《페미니즘 정치사상사》, 이후, 2004년
인류 문명을 지배해온 남성중심주의와 가부장제는 또 하나의 억압 체제라고 할 수 있다. 그것은 여성의 고유성을 말살하려는 정치적 행동의 발로이기 때문이다. 아니나 다를까, 서양의 위대한 정치철학자들 중 여성은 한 명도 없다. 그렇지만 각 시대를 대표하는 남성 정치철학자들도 여성과 관계하면서 삶을 영위할 수밖에 없었다. 그것은 이 책에서 다루고 있는 플라톤에서 하버마스까지 예외가 없는 일이다. 이 책은 위대한 정치철학자들의 주저를 꼼꼼하게 독해하면서 페미니스트들뿐만 아니라 일반 여성들에게도 새로운 정치학의 가능성을 보여주려고 한다. 남성과 여성이 함께 살아가면서 삶의 목적과 목표를 놓고 활기차게 토론할 수 있는 정치학이란 소망스런 미래를 말이다.

chapter 4

그리스도의 정신 혹은
해방신학적 전망

고정희와 시몬 베유

밥과 자본주의—우리 시대 산상수훈
고정희

내 뒤를 따르고 싶거든

남의 발을 씻겨주라

씻겨주라, 예수 말씀하셨네

그러나 우리 사는 시대는 자기 자랑 시대,

남의 발 씻기는 이 따로 있으니

그대를 세상은 몸종이라 부르네

내 십자가를 지고 싶거든

원수를 사랑하라

사랑하라, 예수 말씀하셨네

그러나 우리 사는 시대는 남북분단 시대,

그대를 세상은 빨갱이라 부르네

내 기적을 알고 싶거든

오른뺨을 치면 왼뺨도 내밀고

오 리를 가라 하면 십 리까지 따라가라

따라가라, 예수 말씀하셨네

그러나 우리 사는 시대는 먹이사슬의 시대,

몸을 달라 하면 쓸개까지 주는 이 따로 있으니

그대를 세상은 창녀라 부르네

내 평화를 누리고 싶거든

땅에서 가난하라, 땅 위에

재물을 쌓지 마라, 주님 말씀하셨네

그러나 우리 사는 시대는 자본독점 시대,

오직 가난한 이 여기 있으니

그대를 세상은 거지라 부르네

아아 주님 당신은 위대한 허풍쟁이

대책 없는 허풍쟁이

하느님이 세상을 이처럼 사랑하사

구하면 주실 것이요

두드리면 열릴 것이다, 말씀하셨건만

구하고 두드리는 이 반동이라고 부르네

아니오 하는 이 반체제라 부르네

· 1 ·

주여, 이제는 여기에

　1991년 6월 9일은 지리산이 어느 여성 시인의 지고한 사랑을 받아주었던 날입니다. 가본 사람은 알겠지만, 지리산은 어머니처럼 크고 넓은 산입니다. 주능선 어느 곳에서 바라보더라도, 우리는 거대한 초록빛 바다 한가운데에 떠 있다는 느낌을 받게 됩니다. 한도 끝도 없이 펼쳐진 수많은 능선들, 봉우리들, 그리고 그 사이에 펼쳐진 크고 작은 계곡들. 6월 9일 뱀사골에서 불어난 계곡물로 불귀의 객이 된 고정희 高靜熙, 1948~1991 시인은 여성해방 전사라는 별명으로 불리지만 지리산이 키운 딸로 기억될 필요가 있습니다. 그건 그녀가 평상시 지리산을 좋아했기 때문만은 아닙니다. 그녀, 그리고 그녀의 시는 지리산 주능선에 자리 잡고 있는 세석평전의 풍경을 닮았기 때문입니다.

　1700미터 고도에 위치한 세석평전의 풍경은 야트막한 산의 그것과는 판연히 다릅니다. 주능선을 수시로 넘나드는 구름, 한여름에도 가을처럼 서늘한 기후, 모든 것을 통째로 휘감아 날려버릴 듯이 몰아치는 매서운 겨울바람. 그럼에도 드넓은 세석평전에 새봄이 오면 이름 모를 수많은 들꽃이 어김없이 피어납니다. 이 모든 악조건 속에서도 생명력을 자랑하는 것이 신기하고 부럽기까지 합니다. 그렇습니다. 고정희 시인과 그녀의 시는 이런 들꽃과 같은 힘을 가지고 있습니다. 평지에서 장미, 튤립, 데이지 등과 같은 꽃은 화려한 매력과 향기를 자랑합니다. 그렇지만 고산지대의 들꽃은 그런 수식을 할 겨를이 별로 없는 법입니다. 중요한 것은 생명을 유지하는 것이니까 말이지요. 고정희 시인의 시에서 세석평전에 뿌리를 내리고 있는 들꽃과도 같은 강인한 향내가 나는 것도 다 이유가 있었던 셈입니다.

시인의 시 〈여자가 뭉치면 새 세상 된다네〉를 읽어볼까요.

남자가 모여서 지배를 낳고
지배가 모여서 전쟁을 낳고 전쟁이 모여서 억압세상 낳았지

여자가 뭉치면 무엇이 되나?
여자가 뭉치면 사랑을 낳는다네

모든 여자는 생명을 낳네
모든 생명은 자유를 낳네
모든 자유는 해방을 낳네
모든 해방은 평화를 낳네

모든 평화는 살림을 낳네

모든 살림은 평등을 낳네

모든 평등은 행복을 낳는다네

여자가 뭉치면 무엇이 되나?

여자가 뭉치면 새 세상 된다네

— 〈여자가 뭉치면 새 세상 된다네〉

  시를 장미꽃처럼 아름답고 화려한 수식이라고 이해하고 있는 분에게는 너무나 거칠고 생경한 시일 겁니다. 시는 반드시 아름다울 필요는 없는 법입니다. 시는 자신의 삶에 대한 정직함, 그리고 삶에 대한 집요한 응시에서 나오는 것이기 때문이지요. 남성적 지배와 전쟁, 그리고 억압이라는 악조건이 너무 심각하기 때문에, 고정희 시인의 시는 화려한 치장을 할 겨를조차도 없었던 겁니다. 마치 지리산 능선의 매서운 바람을 이기느라 이름 모를 들꽃이 자신을 아름답게 치장할 여력이 없는 것처럼 말입니다.

  또 한 가지, 고정희 시인의 시를 이해하려면 우리는 그녀가 한국신학대학을 졸업한 크리스천이라는 사실도 잊지 말아야 합니다. 특히 이 점은 시인의 유고 시집 《모든 사라지는 것들은 뒤에 여백을 남긴다》에 실린 시 〈밥과 자본주의-우리 시대 산상수훈〉을 읽을 때 결정적으로 중요합니다. 시인의 시처럼 기독교를 세계 종교로 만들었던 예수Jesus Christ, BC 6?~AD 30?의 정신은 "남의 발을 씻겨주고, 원수를 사랑하며, 땅에서 가난하라"라는 명령으로 요약됩니다. 고정희 시인은 우리가 예수의 사랑이 하나의 "허풍"이 될 수밖에 없는 시대에 살고 있다고 통탄합니다. "자기자랑, 남북분단, 먹이사슬, 자본독점" 시대에 살고 있는 우리가 예수의 가르침을 실천했다가는 "몸종, 빨갱이, 창녀, 그리고 거지"로 전락할 수밖에 없기 때문이지요.

어쩌면 예수의 사랑을 가슴에 품고 있었기 때문에, 그리고 그것을 글자 그대로 실천하려고 했기 때문에, 고정희 시인은 우리의 삶과 사회를 비판적으로 성찰하는 거리를 유지할 수 있었다고 말할 수도 있을 겁니다. 표면적으로 예수와 그의 가르침을 조롱하고 있는 것처럼 보이지만, 시인은 예수의 사랑이 이 땅에 진정으로 실현되기를 원했던 겁니다. 시인의 시를 읽다 보면, 김민기金敏基, 1951~ 의 노래 〈주여, 이제는 여기에〉의 서글픈 곡조가 떠오르는 것도 다 이유가 있었던 셈입니다. "얼어붙은 저 하늘 얼어붙은 저 벌판/태양도 빛을 잃어 캄캄한 저 가난의 거리/어디에서 왔나 얼굴 여윈 사람들/무얼 찾아 헤매이나, 저 눈 저 메마른 손길/오, 주여 이제는 여기에/오, 주여 이제는 여기에."

그렇지만 인문학에 관심이 있는 분이라면 김민기와 함께 시몬 베유 Simone Weil, 1909~1943도 아울러 떠오를 겁니다. 그녀는 억압받는 이웃, 특히 노동자들을 위해서 자신의 삶을 불태우다 서른네 살 젊은 나이에 요절한 프랑스의 여성 철학자입니다. 잊지 말아야 할 것이 하나 있습니다. 그것은 베유가 1938년 12월 예수 그리스도를 체험하는 종교적 경험을 했을 정도로 독실한 크리스천이었다는 점입니다. 결국 가난하고 힘없는 이웃들에 대한 그녀의 열정적인 사랑은 예수의 사랑을 반복하고 있었던 셈입니다. 베유의 사유를 접하고 고정희 시인의 시를 읽다 보면, 두 여성이 자꾸 하나로 오버랩되는 것도 다 이유가 있었던 것이지요. 두 사람 모두 독실한 크리스천이면서 동시에 억압받는 이웃들 편에 서려고 했기 때문입니다.

• 2 •

불행한 이웃을 사랑하라

예수의 위대함은 유대인에게만 국한된 지역 종교를 세계인을 포괄할 수 있는 세계 종교로 발돋움시켰다는 점에서 찾을 수 있을 겁니다. 크리스천에게는 "하나님 아버지"라는 말보다 친숙한 것도 없을 겁니다. 그렇지만 이 말이 가진 혁명적인 힘을 제대로 음미하고 있는 이도 드물지요. '하나님=아버지'라는 기독교의 공식은 이 세상의 유일한 아버지는 하나님, 즉 한 분의 신뿐이라는 선언이라고 할 수 있습니다. 이것은 크리스천에게 심각한 딜레마를 안겨줍니다. 크리스천에게도 자신을 낳아준 친부모가 존재하기 때문입니다. 아버지가 둘일 수는 없습니다. 기독교에서는 이런 딜레마를 어떻게 해소할까요?

기독교 교리에 따르면, 친아버지는 육체의 아버지이고, 하나님은 영혼의 아버지입니다. 당연히 진정한 아버지는 불멸하는 우리 영혼을 창조하신 하나님일 수밖에 없습니다. 육체는 모든 질료들이 그렇듯이 소멸하고 변하는 것에 지나지 않기 때문입니다. 그래서 기독교에서 '하

나님=아버지'는 단순한 레토릭일 수만은 없는 법입니다.

　'하나님=아버지'라는 공식을 예수는 극한에까지 적용합니다. 하나님은 유대인뿐만 아니라 다른 민족들에게도 동일한 아버지일 수밖에 없다는 식으로 말이지요. 바로 이 순간이 기독교가 세계 종교화하는 대목입니다. 그래서 예수는 "원수를 사랑하라"라고 역설할 수 있었던 겁니다. 당시 로마인들은 유대인을 지배하고 있었습니다. 당연히 유대인들에게 로마인들은 '적'이나 '원수'일 수밖에 없었지요. 이럴 때 예수는 "원수, 즉 로마인마저도 사랑하라"라고 설교했던 겁니다. 그렇기 때문에 몇몇 과격한 유대 민족주의자들은 예수를 유대인의 배신자로 간주했던 것이고, 마침내 이것이 예수를 죽음으로 몰고 가게 됩니다. 그렇다면 현실적으로 자신을 해치려는 원수마저도 사랑해야 하는 이유는 무엇일까요? 그것은 로마인이든 유대인이든 모든 사람들은 하나님에게 매한가지의 자식들이기 때문입니다.

　현실적으로 우리는 자신의 가족을 다른 가족보다 사랑하고, 자신이 속한 민족을 다른 민족보다 사랑합니다. 그렇지만 하나님의 입장에서 보면 가족, 인종, 문화 등등의 차이는 전혀 본질적인 것이 아닙니다. 모든 사람들이 자신이 만든 자식들이기 때문입니다. 여기서 한 가지 묻고 싶은 것이 있습니다. 자식들을 몹시 사랑하는 아버지가 있다고 해보지요. 그런데 불행히도 그 가운데 한 아이가 몸이 매우 불편합니다. 이 경우 아버지는 누구를 가장 사랑할까요? 몸이 건강한 자식들일까요? 아니면 몸이 불편한 자식일까요? 아마도 그는 몸이 불편한 아이에게 더 큰 애정을 기울일 겁니다. 당연히 나머지 자식들도 몸이 불편한 자신의 혈육을 더 사랑해야만 합니다. 그것이 바로 아버지가 원하는 것이니까요. 그렇다면 하나님이 가장 많은 관심을 기울이고, 당연히 크리스천도 가장 많은 애정을 가져야 할 대상은 어떤 사람들일까요? 그것은 가난한 사람, 억압받는 사람, 외로운 사람, 그리고 불행한 사람들이겠지요. 자본주의 사회라면 그들은 노동자겠고, 가부장적 사회라면 그들은 여성이겠지요.

이 점에서 1950년대 이후 라틴아메리카에서 번성했던 해방신학theology of liberation은 예수의 근본적인 입장, 혹은 세계 종교로서 기독교의 적장자였다고 할 수 있습니다. 노동자들을 헌신적으로 사랑했으며, 그들을 자본의 논리로부터 해방시키려고 했으니까 말이지요. 이보다 앞서 시몬 베유도 해방신학적 전망을 통해서 가난하고 억압받는 노동자들에 대한 사랑을 강조했던 적이 있습니다. 그녀의 말을 한번 경청해보도록 하지요.

> 그리스도를 위해서가 아니라 그리스도에 의하여 이웃을 도와야 한다. 나의 자아가 사라지고 우리의 몸과 영혼을 매개로 하여 그리스도가 이웃을 돕게 되기를! 불행한 사람에게 도움을 주라고 주인이 보낸 노예가 될 것. 주인으로부터 오는 도움은 노예를 향한 것이 아니라 불행한 사람을 향한 것이다. 그리스도는 하늘의 아버지를 위하여 고초를 당한 것이 아니라 신의 뜻에 의하여 인간들을 위하여 고초를 당한 것이다. 노예는 주인을 섬기

면서 주인을 위해 어떤 일을 한다고 말하지 않는다. 노예는 아무 일도 하지 않는다. 불행한 사람에게 가기 위하여 맨발로 못 위를 걸어간다 해도, 그것은 고초를 겪는 것이기는 하지만, 결국엔 아무것도 하지 않는 것이다. 그는 노예이기 때문이다.

— 《중력과 은총La Pesanteur et La Grâce》

사랑한다는 것, 그것은 단순히 마음의 문제만은 아닐 겁니다. 차가운 바람이 부는 어느 겨울날 사랑하는 사람이 추위에 떨고 있으면, 우리는 주저 없이 자신의 겉옷을 벗어 입혀주고 매서운 추위를 스스로 감당하기 마련입니다. 그러니까 사랑은 몸으로, 즉 실천으로 표현될 수밖에 없는 것이지요. 사랑은 우리로 하여금 가장 소중한 것을 사랑하는 사람에게 주도록 강제하는 힘을 가지고 있습니다. 그렇기 때문에 사랑하는 사람은 언제나 가난해지는 법입니다. 가장 소중한 것을 아낌없이 주니까 가난은 불가피한 겁니다. 그렇다면 인간에게 가장 소중한 것은 무엇일까요? 생명일 겁니다. 결국 인간이 누군가를 사랑한다는 극점은 바로 생명을 아낌없이 주는 순간이라고 할 수 있습니다. 그래서 베유는 십자가에 매달려서 자신의 생명을 주었던 예수의 사랑이 모든 사랑의 극점이라고 확신하는 겁니다.

이제 우리는 "나의 자아가 사라지고 우리의 몸과 영혼을 매개로 하여 그리스도가 이웃을 돕게 되기를" 바라는 그녀의 간절한 소망을 이해할 수 있을 것 같습니다. 여기서 그리스도는 '생명마저 아낌없이 주려는 사랑'을 의미합니다. 그러니 당연히 이런 사랑에는 "자아가 사라지는" 느낌이 불가피한 겁니다. 사실 기독교 원리에 따르면, 예수 그리스도뿐만 아니라 모든 인간은 사실 '신의 아들'이라고 할 수 있습니다. 지상의 모든 것을 창조한 것은 바로 하나님이기 때문이지요. 자신을 낳아준 것이 아버지라면, 우리는 그 아버지의 자식인 셈입니다. 당연히 모든 인간이 가져야 할 진정한 자아 형식은 '신의 아들=그리스도'라고 할 수 있습니다. 베유에 따르면 하나님이 인류를 사랑하라고 이 세상에 보낸 예수처럼, 우리도 "불행한 사람에게 도움을 주라고 주인이 보낸 노예가 되어야" 합니다. 이 대목에서 우리는 베유가 왜 그렇게 열정적으로 노동자의 삶을 돌보려고 했는지를 이해하게 됩니다. 자본주의 사회에서 "불행한 사람" 혹은 사랑이 필요한 사람은 바로 노동자일 테니까 말입니다.

• 3 •

진짜 돈, 진짜 밥, 진짜 사랑을 위하여

사랑하는 사람이 간절히 원하는 것이 물이라면, 그에게 물을 주어야만 합니다. 그가 진정으로 필요한 것이 수면이라면, 그에게 평화와 안정을 주어야만 합니다. 반대로 물이 필요한 사람에게 맵고 짠 음식을 주거나, 수면이 필요한 사람에게 이야기를 하자고 청한다면, 이것은 사랑을 올바로 실천하는 방법이라고 볼 수 없을 겁니다. 사랑하는 마음만으로 사랑이 완수될 수는 없는 법입니다. 오히려 사랑하지 않지만 물이 남아돌아서 물을 주거나, 사랑하지 않기에 무관심하게 방치하는 것이 목마른 사람 혹은 쉬고 싶은 사람에게는 더 유용할 수 있기 때문이지요. 결국 사랑하는 사람이 진정으로 필요로 하는 것, 혹은 그가 결여로 느끼는 것이 무엇인지를 정확히 이해하는 것은 사랑의 주체에게는 선택 사항이 아니라 일종의 의무라고도 할 수 있을 겁니다.

베유는 노동자를 사랑하려고 했으며, 모든 이들에게 노동자를 사랑해야 한다고 역설했습니다. 당연히 그녀는 노동자를 이해하려는 노력을 아끼지 않았습니다. 도움을 주려는 사람은 도움을 필요로 하는 사람이 무엇을 원하고 있는지, 나아가 그가 왜 그것을 원하게 되었는지를 정확히 알아야 하기 때문입니다. 노동자들과 그들의 삶을 숙고하면서 베유는 정치경제학적 쟁점에서부터 문명사적 쟁점으로 통찰을 심화하게 됩니다. 마침내 그녀는 노동자가 억압받는 이유를 지금까지 문명이 육체노동을 폄하했다는 사실에서 찾게 됩니다.

> 가장 인간적인 문명은 육체노동을 주축으로 하고, 육체노동을 최고의 가치로 삼는 문명이다. 이것은 번영시대의 미국과 5개년 계획 이후의 러시아를 지배하던 '생산 신앙'과 비슷하면서도 비슷하지 않다. 이런 '생산 신앙'은 노동자가 아니라 노동에 의한 생산물, 인간이 아닌 물건을 진짜 목적으로 삼고 있기 때문이다. 육체노동이 최고의 가치인 것은 생산하는 물건과의 관계가 아니라 노동하는 인간과의 관계에 의한 것이다. 육체노동은 명예나 보상의 대상이 되어서는 안 되고, 각각의 인간에게 삶이 명료한 의미나 가치를 가지려면 본질적으로 필요로 하는 것을 구성해야만 한다.
>
> ─ 《자유와 사회적 억압의 원인들에 대한 성찰 Réflexions sur les causes de la liberté et de l'oppression sociale》

자본주의 사회에서는 돈을 가진 자가 상품을 가진 자보다 우월한 지위를 차지하게 됩니다. 돈은 무한한 교환 가능성을 갖지만, 상품은 유한한 사용 가능성만을 갖기 때문입니다. 당연히 상품을 가진 사람은 다른 필요한 것을 구입하기 위해 자신이 가진 상품을 팔아서 돈을 획득해야만 합니다. 그래서 돈을 갖지 않은 사람은 자본가에게 자신의 노동력을 팔고, 그 대가로 받은 돈으로 삶을 영위하지요. 그가 바로 노동자입니다. 자본주의 사회란 노동이 돈보다 열등한 지위에 있는 사회라고 할 수 있습니다. 자본주의 사회에서 육체노동이 경시되는 것도 이런 이유에서입니다. 그렇지만 과연 자본주의를 극복하기 위해 출현했다는 현실 사회주의 국가들은 노동자의 지위 혹은 육체노동의 가치를 회복했을까요?

1955년에 출간된 《자유와 사회적 억압의 원인들에 대한 성찰》이란 책에서 베유는 절대 그렇지 않다고 고발합니다. 노동자의 지위나 육체노동의 가치가 폄하되기는 사회주의 국가에서도 마찬가지였기 때문입니다. 단지 현실 사회주의 국가에서는 국가나 공산당이 유일한 자본가가 되었다는 차이만이 있을 뿐이었습니다. 사실 스탈린Iosif Stalin, 1879~1953의 계획경제는 노동자를 일국사회주의 국가의 경제 발전을 위한 수단으로 간주한 정책에 다름 아니라고 할 수 있습니다. 그래서 베유는 자본주의 국가 미국이나 사회주의 국가 러시아도 모두 '생산 신앙'에 사로잡혀 있다고 지적하면서, "이런 '생산 신앙'이 노동자가 아니라 노동에 의한 생산물, 인간이 아닌 물건을 진짜 목적으로 삼고 있다"라고 폭로했던 겁니다. 어쩌면 베유의 생각은 "타인을 수단이 아니라 목적으로 대하라"는 칸트Immanuel Kant, 1724~1804의 통찰을 일정 정도 계승했다고 할 수 있을 것 같네요.

베유의 통찰에 따르면, 노동자의 지위는 육체노동을 최고의 가치로 여기는 문명이 도래하지 않는다면 결코 회복될 수 없습니다. 육체를 움직여본 사람은 알 겁니다. 인간이 혼자 있을 때 얼마나 나약하고 무기력한지를 말이지요. 돌 하나를 옮기려고 해도 타자와 관계하여 힘을 모아야만 합니다. 당연히 육체노동은 자신의 한계를 겸허히 받아들이게 하고, 동시에 타자와의 연대가 얼마나 중요한지를 자각하게 만듭니다. 그래서 베유도 강조했던 겁니다. "육체노동이 최고의 가치인 것은 생산하는 물건과의 관계가 아니라 노동하는 인간과의 관계에 의한 것"이기 때문이라고 말입니다.

여기서 우리는 백장百丈, 749-814이란 중국 스님을 떠올리게 됩니다. 스님은 "하루 일하지 않으면 하루 먹지 않는다—日不作, 一日不食"라는 슬로건으로 유명한 백장청규百丈淸規라는 행동 규범을 만든 분입니다. 정신노동이 육체노동을 지배하는 반인간적 구조로부터 벗어나기 위해서, 백장 스님은 노구를 이끌고 몸소 농사를 지은 것으로 유명합니다. 그랬기 때문에 자유로운 수행 공동체, 누구든 예외 없이 육체노동을 하면서 정신적 수행도 같이 하는 공동체가 탄생할 수 있었던 겁니다.

여기서 한 가지 더 지적해야 할 것이 있습니다. 그것은 근본적으로 순수한 정신노동은 존재하지 않는다는 사실입니다. 예를 들어볼까요. 지금 글을 쓰고 있는 나는 정신노동을 하고 있는 걸까요, 아니면 육체노동을 하고 있는 걸까요? 많은 분들이 아마 나와 같은 저자는 정신노동자라고 이야기할 겁니다. 그렇지만 모니터 앞에서 키보드를 치는 것, 책을 읽는 것, 이 모두가 육체에 과도한 노동을 요구하는 일입니다. 하루 여덟 시간 정도 키보드를 쳐보세요. 팔과 어깨에 담이 결릴 정도로 육체에 무리가 가는 일입니다. 결국 순수한 정신노동은 존재하지 않는 겁니다. 만약 누군가 순수하게 자신은 정신노동에 종사한다고 이야기한다면, 그는 사실 아무런 노동도 하지 않았다는 것을 의미할 뿐입니다. 그렇기 때문에 정신노동의 가치를 운운하는 사람들은 별다른 노동을 하지 않고도 삶을 영위할 수 있는 부유한 사람이나 권력을 가지고 있는 사람들일 뿐입니다.

어쨌든 육체노동의 가치를 긍정하는 공동체에서 우리는 결코 육체를 팔아서 돈을 버는 노동자가 될 수 없습니다. 무거운 돌을 드는 것처럼, 혹은 같이 산을 오르는 것처럼, 우리는 우리 노동의 결과물을 '함께 그리고 같이' 만들고 향유할 것이기 때문입니다. 마침내 마르크스 Karl Marx, 1818~1883가 보편적 매춘의 시대라고 조롱했던 자본주의 시대를 극복한 것이지요. 아마 고정희 시인이라면 '진짜 밥과 진짜 사랑'의 시대가 열렸다고 말할 겁니다. "대쪽 같은 사람들아/금쪽 같은 사람들아/각자 목숨에 달린 허튼밥줄 가려내!/각자 연혁에 얽힌 허튼돈줄 잘라내!/진짜밥 진짜사랑 뉘 아니 그릴쏜가/허튼밥줄 끊고 나면 눈이 뜨일 거야/허튼돈줄 자르고 나면 새 길이 열릴 거야/새벽이 오기 전에 매춘능선 넘어가세/이 밤이 가기 전에 허튼꿈 불을 놓으세/허, 불이야 불이야 불이야/허튼넋 허튼바람 활활 타는 불이로다(〈밥과 자본주의-몸 바쳐 밥을 사는 사람 내력 한마당〉)."

그렇습니다. 허튼 돈, 허튼 밥, 허튼 사랑이 누군가를 속이고 억압해서 얻은 것이라면 진짜 돈, 진짜 밥, 진짜 사랑은 누군가와 함께 땀 흘릴 때 얻을 수 있는 겁니다. 이것이 고정희 시인이 지리산에서 들려주었던 마지막 산상수훈인 셈입니다.

더 읽어볼 책들

고정희, 《모든 사라지는 것들은 뒤에 여백을 남긴다》, 창작과비평사, 1992년

1991년 지리산의 딸답게 고정희 시인은 영원히 지리산의 품에 안긴다. 고정희 시인이 쓴 시들은 주인을 잃었지만, 다행스럽게도 이듬해에 그의 지인들이 유고시집을 출간한다. 《모든 사라지는 것들은 뒤에 여백을 남긴다》는 시집이 그것이다. 시인의 죽음을 상징하는 것 같아서 이 유고시집에서는 글자 그대로 유언과 같은 무거움이 느껴진다. 이 유고시집의 핵심은 다른 무엇보다도 '밥과 자본주의'라는 이름으로 묶여 있는 일련의 시들이라고 할 수 있다. 고정희 시인은 여성해방 전사에서 인간해방 전사로 진화하고 있었던 것이다. 가부장제도 어차피 자본주의라는 더 큰 억압 체제로부터 자양분을 얻고 있다는 인식에 이른 것이다. 또 하나 주목해야 할 것은 그녀가 이전까지는 노골적으로 드러내지 않았던 해방신학적 전망을 이 시집에서 분명히 드러내고 있다는 점이다.

시몬 베유, 윤진(옮김), 《중력과 은총》, 이제이북스, 2008년

유대인에게만 국한된 하나의 지역 종교를 모든 인간에게 적용 가능한 세계 종교로 만든 것, 이것이 바로 예수라는 인물의 중요성이자 기독교의 비밀이다. 다시 말해 예수의 등장으로 기독교는 인간에 대한 사랑은 가족이나 민족 혹은 인종을 넘어설 수밖에 없다는 혁명적 입장을 취하게 되었다는 것이다. 유일한 창조주를 아버지로 해서 탄생한 모든 인간은 서로에게 형제자매일 수밖에 없다. 바로 이로부터 시몬 베유는 가장 열등한 형제자매인 노동자들의 편에 서야 한다는 신학적 기초를 얻는다. 그녀의 해방신학적 전망을 담고 있는《중력과 은총》은 1,000만 신도를 자랑하는 기독교계의 필독서가 되어야 한다. 권력이나 자본을 가진 자의 편에 서는 순간, 기독교는 예수의 정신을 배반하는 딜레마에 언제든지 빠질 수 있기 때문이다.

앙느 레느, 황세연(옮김),《시몬느 베이유 철학교실》, 중원문화사, 2006년
시몬 베유의 정치철학적 전망을 보고자 한다면 이 책을 보는 것이 좋다. 1933년 10월부터 다음해 6월까지, 베유는 로안여자고등학교 최고학년 철학반 학생들에게 철학을 강의했다. 그녀를 존경했던 제자 앙느 레느는 스승의 강의를 노트에 꼼꼼하게 기록했는데, 이 책은 바로 그 노트를 번역한 것이다. 특히 2부의 두 번째 편은 매우 중요하다. 그녀가 사회적 억압의 원인을 어디에서 찾았는지, 그리고 국가에 대해서는 어떤 입장을 취했는지 명료하게 보여주고 있기 때문이다. 잊지 말아야 할 것은, 그녀의 중요한 정치철학적 통찰은 사실 로안여자고등학교에서 했던 강의로부터 비롯되었다는 점이다.

chapter 5

그저 덮을 수밖에 없는 타자

•

김행숙과 바흐친

포옹
김행숙

볼 수 없는 것이 될 때까지 가까이. 나는 검정입니까? 너는 검정에 매우 가깝습니다

너를 볼 수 없을 때까지 가까이. 파도를 덮는 파도처럼 부서지는 곳에서. 가까운 곳에서 우리는 무슨 사이입니까?

영영 볼 수 없는 연인이 될 때까지

교차하였습니다. 그곳에서 침묵을 이루는 두 개의 입술처럼. 곧 벌어질 시간의 아가리처럼.

· 1 ·

내가 당신을 안은 것인가요, 아니면 당신이 나를 안은 것인가요?

2008년 민음사에서 《어느 가슴엔들 시가 꽃피지 않으랴》라는 제목을 가진 두 권짜리 시선집을 출간했습니다. 한국의 대표 시인 100명이 추천한 시들을 토대로 만들어진 시선집이지요. 추천 결과 우리 시인들이 가장 많이 추천한 시인은 서정주徐廷柱, 1915~2000와 김수영金洙暎, 1921~1968이었습니다. 수많은 시인들 중 서정주 시인이 62회 추천을 받았고, 김수영 시인은 58회 추천을 받았다고 합니다. 그래서 그런지 우리 시인들은 서정주처럼 자신의 삶으로 육박해 들어오는 외적인 저항을 우회하면서 세계에 파스텔 톤을 부여하는 서정적인 길을 가거나, 아니면 김수영처럼 외적인 저항에 맞서며 그로부터 발생하는 상처에 신음하는 자유와 고난의 길을 걸어가는지도 모를 일입니다. 서정주의 길과 김수영의 길! 그런데 1999년에 한 시인이 우리에게 조용히 찾아와 두 가지 길만이 아닌 다른 길이 있다는 것을 가르쳐주게 됩니다. 그녀가 바로 김행숙金幸淑, 1970~ 시인입니다.

김행숙 시인이 걸으려고 했던 길을 우리는 '세속적 타자로의 길'이라고 부를 수도 있을 것 같습니다. 김행숙의 길을 더 자세히 들여다보려면, 사랑의 경험을 떠올리는 것으로 충분할 겁니다. 모든 사랑은 첫눈에 빠진 사랑일 수밖에 없습니다. 처음 만난 사람에게서 사랑을 느낄 수도 있고, 오랫동안 다른 인간관계에 연루되었던 사람에게서 사랑을 느낄 수도 있습니다. 그렇지만 어느 경우든 사랑에 빠지는 순간, 우리는 상대방에 대해 아는 것이 별로 없다는 놀라운 사실과 직면하게 됩니다. 바로 여기서 우리는 '치명적 고독fatal solitude'에 빠집니다. 사랑에 빠진 자의 고독이 치명적인 이유는 그것이 자신의 힘으로 결코 치유될 수 없는 성질의 고독이기 때문입니다. 오직 자신을 사랑에 빠지도록 만든 그 사람만이 그 고독을 치유할 수 있는 법입니다. 음악도, 카페도, 커피도, 심지어 영화도 치명적 고독을 완화시켜 주기는커녕 오히려 가중시킬 수 있습니다. 그 사람이 없는 즐거움은 즐거움이라기보다는 오히려 그 사람이 내 곁에 없다는 느낌만을 부각시켜 주니까요.

사랑에 빠지자마자 그 사람에 대해 아는 것이 전혀 없다는 느낌! 그리고 이어지는 치명적인 고독의 상태! 이로부터 벗어나기 위해 우리는 필사적으로 그 사람을 알려고 합니다. 당연히 이 순간 우리의 오감은 극단적으로 활성화될 겁니다. 그 사람으로부터 오는 모든 신호, 즉 그 사람의 속내를 해석하려면 그가 내뿜는 모든 기호들에 민감할 수밖에 없기 때문입니다. 어떤 때에는 우리의 후각이 모든 감각을 압도할 수도 있습니다. 그 사람에게서 과거에 맡지 못했던 향수 냄새가 나기 때문이지요. 바로 후각적 자아가 출현하는 순간입니다. 반면, 어떤 때는 우리의 촉감이 그 사람의 기호에 열릴 수도 있습니다. 길을 함께 걸을 때 간질이듯이 내 팔을 스치며 나를 전율시키는 그 사람의 손은 무슨 의미를 띠는 것일까요? 바로 촉각적 자아가 탄생하는 순간이지요.

이제 김행숙 시인의 길이 조금 눈에 보이나요? 서정주의 길이나 김수영의 길은 분명 다르지만, 그 길을 걸어가는 자아는 하나의 통일된 자아였습니다. 그렇지만 김행숙의 길을 걷는 자아는 통일된 자아가 아니라 미세하게 분열되고 복수화될 수밖에 없는 자아, 즉 '자아들'일 수밖에 없습니다. 타인은 자신이 던지는 기호를 통해서 우리로 하여금 감각을 선택하도록 강제합니다. 상대방이 콧노래를 부를 때, 시각적 자아가 출현할 수는 없는 법입니다. 청각적 자아가 출현하여 콧노래에 담긴 그의 속내를 감지해야 하기 때문입니다. 타인과 포옹했을 때 모든 자아 형식을 누르고 촉각적 자아가 탄생하는 것도 어쩌면 당연한 일인지 모릅니다. 2010년 11월에 출간된 《타인의 의미》라는 시집에 등장하는 〈포옹〉이란 시만큼 촉각적 자아로 부각되는 사랑하는 자아를 명확히 보여주는 것도 없을 것 같습니다.

시각적 자아가 자신을 고집한다면 포옹은 불가능합니다. 그래서 시인의 말처럼 "영영 볼 수 없는 연인이 될 때까지" 포옹했을 때에만 우리에게 촉각적 자아가 조용히 찾아올 겁니다. 시인에게 포옹은 "파도를 덮는 파도처럼 부서지는" 그 무엇입니다. 파도가 파도를 덮듯이 이루어지는 포옹에서, 즉 촉각적 자아와 촉각적 자아가 만나서 만드는 공간에서 우리는 "무슨 사이"가 되는 것일까요? 〈포옹〉이란 시에서 김행숙 시인이 묻고 있는 것도 바로 이겁니다. 시인은 포옹이 "침묵을 이루는 두 개의 입술"과도 같고, "곧 벌어질 시간의 아가리"와도 같다고 이야기합니다. 도대체 김행숙 시인은 포옹에서 무엇을 보았던 것일까요? 나와 타자 사이의 관계를 평생의 화두로 삼았던 철학자 바흐친 Mikhail Mikhailovich Bakhtin, 1895~1975의 도움을 받아 그녀의 속내를 헤아려보도록 하지요.

· 2 ·

나의 유일성과 대체 불가능성을
가르쳐주는 타자

    바흐친을 이해할 때 가장 중요한 것은 아마 그가 라블레François Rabelais, 1494?~1553와 도스토예프스키Fyodor Mikhailovich Dostoevsky, 1821~1881의 애독자였다는 사실일 겁니다. 바흐친은 르네상스 시절을 풍미했던 라블레의 소설들, 특히 《가르강튀아와 팡타그뤼엘 이야기La Vie Inestimable du Grand Gargantua, Pére de Pantagruel》를 통해서 '카니발carnival'이란 개념의 중요성을 확인합니다. 이어서 그는 도스토예프스키의 소설, 특히 《지하생활자의 수기Zapiski iz podpolya》를 통해 대화dialogue와 다성성polyphony의 논리를 정교화합니다. 카니발, 대화 혹은 다성성의 논리 이면에는 나와 타자 사이의 관계를 포착하려는 그의 노력이 숨어 있습니다.

    바흐친이 카니발을 중시하는 이유는 카니발에 참여한 사람들은 모두 행위자인 동시에 관객일 수밖에 없기 때문입니다. 한마디로 말해 카니발에는 외부가 없는 셈입니다. 카니발에 참여하는 사람들은 주체인 동

시에 객체이기 때문입니다. 수동적인 관객, 즉 객체로만 머물면서 대중문화를 소비하고 있는 우리와는 사뭇 대조되는 모습이지요.

주체이면서 객체가 된다는 것은 무엇을 의미하는 걸까요? 내가 타자에게 능동적으로 활동하는 경우 우리는 주체가 되고, 반대로 타자가 능동적으로 활동하게 되면 우리는 객체가 됩니다. 카니발의 춤을 생각해보세요. 내가 춤을 리드하는 순간이 있고, 타자가 나를 리드하는 순간도 있을 겁니다. 이 경우 나와 타자는 역동적으로 어느 순간 주체였다가 다른 순간 객체가 되는 카멜레온과 같습니다. 바흐친에 따르면 이것이 바로 대화입니다. 두 사람dia의 이야기logos가 역동적으로 구성되는 것이 바로 대화니까 말입니다. 타자와 춤을 다 추고 나면, 우리는 하나의 아름다운 이야기처럼 춤에도 나와 타자의 흔적이 복잡하게 얽혀 있다는 것을 알게 됩니다. 통일된 하나의 이야기처럼 보이지만, 모든 이야기의 이면에는 다양한poly 목소리들phone의 역동적 작용이 전제되어 있는 법입니다. 이것이 바로 바흐친의 다성성 개념이지요.

타자가 없다면 카니발을 달뜨게 만드는 춤도, 그리고 대화로 엮어지는 이야기도 불가능한 법입니다. 어쩌면 바흐친이 타자의 문제에 골몰했던 것도 당연한 일이라고 할 수 있습니다. 타자를 해명하지 않는다면 카니발, 대화, 다성성의 논리도 취약할 수밖에 없기 때문이지요. 그렇다면 이제 바흐친이 어떤 방식으로 타자의 문제를 고민하고 해결하는지 직접 엿보도록 하지요.

내가 나의 밖에 그리고 맞은편에 마주 서 있는 총체적 인간을 관찰할 때, 우리가 실제로 체험하는 구체적인 시야들이 일치하는 것은 아니다. 다만 주어진 각각의 계기에서, 내가 관찰하고 있는 타자가 어떤 위치에 있든지, 나와 얼마나 가까이 있든지 간에 상관없이, 나는 나의 밖에 그리고 맞은편에 마주 서 있는 그 사람이 자기 자리에서는 볼 수 없는 어떤 것을 항상 보고 알게 될 것이다. 그 자신의 시선이 닿지 않는 신체의 일부분(머리, 얼굴, 표정), 그의 등 뒤의 세계, 여느 상호 관계 속에서 나는 접근할 수 있지만 그는 접근할 수 없는 일련의 대상과 관계.

— 《말의 미학Estetika slovesnogo tvorchestva》

모든 것을 보고 있는 것 같지만, 사실 우리가 죽을 때까지 직접 볼 수 없는 것들이 있습니다. 자신의 눈과 얼굴, 그리고 자신의 뒷모습이 바로 그것입니다. 물론 거울을 통해서 간접적으로 볼 수는 있습니다. 그렇지만 거울에 비친 얼굴이나 뒷모습은 항상 좌우가 바뀐 모습, 그러니까 불완전한 모습일 수밖에 없습니다. 과연 우리 자신이 평생 보지 못하는 것이 이런 몇몇 모습뿐일까요?

친구와 함께 카페에 앉아 이야기를 한다고 생각해보세요. 나는 친구와 친구의 등 뒤에 펼쳐지는 풍경을 모두 볼 수 있습니다. 그렇지만 결코 내 뒤에 펼쳐지는 풍경을 직접 볼 수는 없습니다. 이렇게 고민하다 보면, 여기서 타자의 위대함을 직감하게 됩니다. 타자는 나의 눈, 나의 얼굴, 나의 뒷모습, 심지어는 내 뒤에 펼쳐지는 풍경마저도 가볍게 볼 수 있기 때문이지요.

내가 결코 볼 수 없는 것을 아주 쉽게 볼 수 있다는 것. 그렇기 때문에 타자는 우리에게 압도적인 느낌을 주는 겁니다. 서른 문제 중 하나만 틀렸을 정도로 공부를 잘하는 사람이 다른 문제는 다 틀리고 자신이 틀린 문제만은 정확히 맞힌 친구를 보았을 때, 그가 친구에게 말하기 미묘한 압박감을 느끼게 되는 것도 다 이유가 있었던 셈입니다. 내가 마주하고 있는 타자의 경우도 마찬가지 아닐까요? 대화의 관계에서 타자의 타자는 바로 나일 수밖에 없지요. 여기서 바흐친은 나도 타자만큼 비범한 구석이 있다는 사실을 발견하게 됩니다. 나도 타자 자신이 결코 볼 수 없는 것을 아주 가볍게 볼 수 있기 때문이지요. 바흐친의 말대로 "나는 나의 밖에 그리고 맞은편에 마주 서 있는 그 사람이 자기 자리에서는 볼 수 없는 어떤 것을 항상 보고 아는" 존재입니다.

바로 그렇습니다. 카페에 앉아 있는 이 순간, 친구가 나를 결코 대신할 수 없는 고유성을 가지고 있는 만큼, 나도 친구가 결코 대신할 수 없는 고유성을 가지고 있는 겁니다.

> 우리가 서로서로 바라볼 때, 서로 다른 두 세계가 우리 눈에 들어온다. 물론 적당한 위치를 잡음으로써 각기 다른 시야들에서 빚어진 차이점을 최소화할 수는 있겠다. 그러나 이 차이를 완전히 없애려면 하나로 합쳐져서 한 사람이 되어야 할 것이다. 모든 타자들과의 관계에서 항상 존재하는 나

의 바라보기, 앎, 소유의 잉여는 세계 속에서 나의 위치가 갖는 유일성과 대체 불가능성에 기반을 두고 있다.

― 《말의 미학》

현대 프랑스 철학의 대가 레비나스Emmanuel Levinas, 1906~1995와 들뢰즈Gilles Deleuze, 1925~1995도 타자를 숙고합니다. 그렇지 않았다면 그들은 차이를 숙고하는 프랑스 철학의 전통을 만들 수 없었을 겁니다. 차이란 타자가 나와 다르다는 감각으로부터만 경험할 수 있기 때문이지요. 아쉽게도 그들은 나 자신이 타자의 입장에서 타자라는 사실을 심각하게 고민하지는 못했습니다. 그렇기 때문에 그들은 주체를 압도해 들어오는 신적인 것으로 타자를 사유했던 겁니다. 이런 방식으로만 타자를 이해하게 되면 주체, 즉 나는 너무나 수동적이고 비자발적인 상태에 떨어지게 됩니다. 타자의 철학자라고 불리는 레비나스가 타인의 얼굴을 윤리적 실천을 강제하는 신적인 명령처럼 이해했던 사실이 이점을 매우 잘 보여줍니다.

바로 여기에서 바흐친의 탁월함이 빛을 발하지 않나요? 사실 그의 탁월함은 단순하지만 심오한 통찰 덕분에 가능했던 겁니다. 즉 주체는 타자의 입장에서 타자일 수밖에 없으며, 따라서 타자도 또 다른 타자인 내게 압박을 받을 수밖에 없다는 것이지요. 내 자신이 타자의 타자라는 사실, 이로부터 바흐친은 우리 자신이 타자가 대신할 수 없는 자기만의 고유성을 가진 존재라고 주장합니다. 그가 "모든 타자들과의 관계에서 항상 존재하는 나의 바라보기, 앎, 소유의 잉여는 세계 속에서 나의 위치가 갖는 유일성과 대체 불가능성에 기반을 두고 있다"라고 말했던 것도 이런 이유에서입니다. 타자가 내게 어떻게 작용하는지를 숙고하다, 마침내 내가 타자에게 어떤 작용을 하는 존재인지를 추론하는 바흐친의 생각에는 절묘한 반전이 있다고 할 수 있을 것 같네요.

· 3 ·

너무도 심오한 포옹의 의미

나나 타자는 모두 대체 불가능한 고유성을 가지고 있는 존재입니다. 그렇지만 내가 타자를 이해하기 위해서는 어쨌든 그의 자리에 설 수 있어야만 합니다. 이것이 가능한 일일까요? 그래서 바흐친은 말했습니다. "적당한 위치를 잡음으로써 각기 다른 시야들에서 빚어진 차이점을 최소화할 수는 있겠다. 그러나 이 차이를 완전히 없애려면 하나로 합쳐져서 한 사람이 되어야 할 것"이라고 말이지요.

사랑하는 사람들이 붙어 있으려 하는 것도 이와 무관한 일은 아닙니다. 비록 타자가 서 있는 자리로 육박해 그와 하나가 될 수는 없지만, 가급적 그와 나 사이의 차이점을 최소화하려고 합니다. 물론 타자가 떠나서 비어 있는 자리에 우리가 들어갈 수도 있습니다. 하지만 이것은 타자가 한때 머물던 자리에 들어간 것에 불과합니다. 지금 이 순간 타자는 다른 자리에 가 있기 때문이지요. 그래서 타자를 이해하려는 우리의 노력은 항상 사후적일 수밖에 없습니다. 우리로서는 불행한 숙명이라고 할 수 있지요. 타자와 직대면하고 있는 바로 이 순간에는 절대로 타자를 이해할 수 없고, 오직 이 순간이 과거가 되어버렸을 때에만 뒤늦게 그를 이해할 수 있다는 이야기가 성립되기 때문입니다.

어쨌든 사랑하는 타자에 대한 접촉의 욕망은 불가피한 겁니다. 그를 그 자신이 아는 것만큼 알고 싶으니까요. 타자를 알아야 그에게 기쁨과 행복을 주고 내 곁에 머물도록 유혹할 수 있습니다. 타자를 알려는 욕망은 바로 그와 하나가 되겠다는 불가능한 욕망이고, 이것이 포옹을 포함한 육체적 접촉의 무의식적인 동기라고 할 수 있습니다. 그렇지만 타자를 알려는 우리의 욕망은 포옹이나 육체적 접촉을 통해서는 결코 충족될 수 없습니다. 우리는 단지 상대의 표면에만 닿은 것에 지나지 않기 때문입니다. 바흐친도 이 사실을 매우 잘 알고 있습니다.

> 오직 타자만을 껴안을 수 있고, 사방에서 부여잡을 수 있고, 오직 그의 경계만을 사랑스럽게 매만질 수 있다. 타자의 연약한 유한성, 완결성, 그의 이곳—현재의 존재—등 모든 것은 나에 의해서 내적으로 이해되며, 말하자면 나의 포옹으로 형성된다. 이런 행위 속에서 타자의 외적 존재는 새로운 방식으로 살기 시작하며, 어떤 새로운 종류의 의미를 획득하고, 새로운 존재의 차원으로 태어난다. (……) (그래서 나는) 타자의 모든 것을 덮어줄 수 있으며, 그의 존재의 모든 구성적 특징 속에 있는 그를 덮어줄 수 있으며, 그의 육체와 그의 육체 안에 있는 영혼을 덮어줄 수 있는 것이다.
>
> —《말의 미학》

분명 타자는 만질 수 있는 존재이지만, 바흐친의 말대로 우리는 "오직 그의 경계만을 사랑스럽게 매만질 수 있을" 뿐입니다. 그렇지만 포옹을 통해 나와 타자는 전혀 다른 상태로 진입하게 됩니다. 나의 포옹을 받아주고, 심지어는 나를 적극적으로 포옹하려는 타자를 경험함으로써 나는 그도 얼마나 절망적으로 나와의 불가능한 일치를 꿈꾸는지 드디어 알게 되니까요. 바흐친의 말로 표현하자면 "타자의 연약한 유한성, 완결성, 그의 이곳—현재의 존재—등 모든 것은 나에 의해서 내적으로 이해되기" 시작한 것이지요. 포옹을 통해 타자는 나를 압박하는 존재가 아니라 나와 일치하려는 존재로 다시 태어난 것이고, 이제 사랑이란 방식으로 살아가는 존재가 된 겁니다. 그렇지만 잊지 말아야 합니다. 포옹을 했다고 해서 내가 타자의 속내를 이해했다는 뜻은 결코 아닙니다. 아니, 우리는 끝내 사랑하는 타자의 속내에 이를 수 없을 겁니다. 그건 타자도 마찬가지이지요. 그래서 바흐친의 표현, 즉 "타자의 모든 것을 덮어준다"라는 말이 우리의 가슴을 울립니다. 알지는 못하지만, 아니 결코 알 수는 없을 테지만, 그와 같이 있고 싶다는 사랑의 아련한 속내를 긍정해버리는 겁니다.

러시아어 '덮어주기osehehue'는 보호하고, 피신시켜주고, 은혜를 베푸는 능력을 가리키는 말입니다. 바흐친에게서 이 표현은 이중적으로 사용되고 있는 것처럼 보입니다. 포옹이란 육체적 덮어줌을 의미하는 동시에 타자의 타자성을 절대적으로 긍정한다는 정신적 품어줌도 의미하기 때문이지요. 김행숙 시인이 "파도를 덮는 파도"라고 노래할 때, 그녀는 무의식적으로 바흐친적인 통찰에 공감하고 있었던 셈입니다. 어떠십니까? 이제 포옹을 "침묵을 이루는 두 개의 입술"과도 같고, "곧 벌어질 시간의 아가리"와도 같다고 이야기한 시인의 속내에 공감할 수 있으신가요? 서로를 덮고 있는 상태에서 우리는 침묵할 수밖에 없습니다. 영원히 하나가 될 수 없다는 것을 알지만, 그렇다고 해서 하나가 되려는 희망을 버릴 수 없기에 침묵할 수밖에 없는 겁니다. 이런 애절한 두 사람의 마음이 바로 포옹에 담겨 있는 겁니다. 그렇지만 얼마 뒤에 두 사람은 안타까움을 뒤로하고 떨어져야만 합니다. 포옹으로 타자와 영원히 하나가 될 수 없으니까, 그것은 단지 나와 타자의 표면에서 일어난 일이니까 말입니다. 그래서 포옹은 "곧 벌어질 시간의 아가리"를 함축하고 있는 겁니다. '벌어질 시간'과 '벌어질 아가리'의 이미지를 통합한 시인의 표현이 절묘하기까지 합니다. 너무나 짧기만 한 포옹을 안타깝게 마친 뒤, 언제 그랬냐는 듯이 이야기를 나누는 두 사람의 모습이 눈에 선연합니다.

 그래서 김행숙 시인은 어느 인터뷰 자리에서 말했던 겁니다. 자신은 "남을 속속들이 알려고 하기보다는 알 수 없는 것은 그대로 남겨두는 것이 관계의 방식이자 사랑하는 방식이라고 생각한다"라고 말이지요. 타자에 대한 이런 감수성이 시인으로 하여금 서정주나 김수영과는 다른 길을 가도록 한 원동력이었던 셈입니다.

더 읽어볼 책들

김행숙, 《타인의 의미》, 민음사, 2010년

2000년 이후 자아는 더 이상 통일성을 유지할 수 없을 정도로 갈기갈기 찢어졌다. 아니 어쩌면 우리 내면에는 다양한 자아들이 있었고, 그중 하나가 왕 노릇을 했는지도 모를 일이다. 니체가 신을 죽였듯이, 우리 시대는 왕 노릇을 하던 자아도 죽여버린 것이다. 결국 왕이 사라진 우리 내면에서는 기묘한 민주주의가 실현되었다. 이제 술을 마시려는 자아, 음악을 들으려는 자아, 고독해지려는 자아 등등 수많은 자아가 동등한 자기 권리를 주장하는 형국이다. 물론 이런 다양한 자아들을 만나는 것은 다양한 타자들일 수밖에 없다. 김행숙 시인이 타인의 의미를 묻는 것은 결국 내면에서 웅성거리는 다양한 자아들의 진면목을 확인하려는 것이다. 그녀의 말대로 나, 즉 "지구에는 골목길이 참 많기도" 한 셈이다.

바흐친, 김희숙·박종소(옮김), 《말의 미학》, 길, 2006년

바흐친은 평생 언어, 특히 말과 타자라는 문제를 화두로 삼았던 사람이다. 그는 프랑스 해체주의 이후 주목받은 타자의 문제를 일찌감치 포착하여 주체와 타자 사이의 관계를 입체적으로 해명하는 데 성공한 평론가이자 철학자이다. 《말의 미학》은 바흐친의 사유를 해명하는 데 필요한 가장 중요한 자료들을 선택하여 번역, 소개한 책이다. 특히 도스토예프스키로부터 타자의 문제를 숙고하는 논문 〈미적 활동에서의 작가와 주인공〉은 이 책의 압권이라고 할 수 있다. 또 하나 반드시 읽어야 할 논문은 〈도스토예프스키에 관한 저서의 개작 계획〉이다. 타자의 철학자 레비나스가 도스토예프스키를 새롭게 독해하면서 부각시킨 타자의 문제를 바흐친의 그것과 대조해보는 것은 우리 시대 인문학의 새로운 가능성을 여는 단초가 될 테니까.

바흐찐, 최건영(옮김), 《예술과 책임》, 뿔, 2011년

우리도 바흐친을 제대로 읽을 기회가 생긴 것일까? 뿔출판사에서 아주 조용히 바흐친의 대표 저작집을 출간하기 시작했다. 《예술과 책임》은 그중 첫 번째로 출간된 책이다. 아마 편집자들이 바흐친의 저작들 중 가장 철학적인 논문들을 먼저 소개하고 싶었던가 보다. 책에는 두 편의 논문이 실려 있다. 하나는 〈예술과 책임〉이라는 짧은 논문이고, 다른 하나는 책의 대부분 분량을 차지하는 장편 논문 〈행위철학〉이다. 바흐친은 타자와의 관계에서 주체가 어떻게 영향을 주고받는지를 섬세하게 포착하려고 했다. 그가 세계에 대한 존재론적 사변보다는 구체적인 인간 행위를 실천적으로 성찰하려고 했던 것은 어쩌면 당연한 귀결이라고 할 수 있다. 예술, 책임, 철학이란 세 가지 키워드로 직조되는 바흐친의 철학 세계로 들어가는 데 필수적인 텍스트이다.

chapter 6

미디어가 매개하는
우리의 사랑

•

채호기와 맥루한

애인이 애인의 전화를 기다릴 때
채호기

처음에 전화를 기다리다
지치면 이쪽에서 그냥 걸면 될 것을
이번에는 네가 할 차례라며
그쪽 입술이 건너오기를 기다린다.

전화는 마음의 기호가 되어
전화가 없으면 마음도 없는 것.
수시로 애태우면서 전화기를 끄집어내
확인하고 확인한다. 온통 전화기로
꽉 채운 심신이 전화의 기호가 되어
아무것도 할 수 없을 뿐만 아니라
녹초가 되어 벨이 울리지 않는데도

온몸을 진동으로 부르르 떨며 까닭 없이
벨 소리를 내지르며 짜증을 낸다.

이쯤 되면 전화기는 사랑의 기호가 되어
평소에 하던 메신저 역할로만 그치지 않고
자꾸 오바한다. 어떤 때는 전화기의 기계 고장이
사랑의 고장, 복통, 심장 파열로까지
오바하는 것이다. 우습기도 하고 씁쓸하기도
하지만 **사랑**이란 기호는 **전화**로 바뀌어
이제 연인들은 **사랑해**를 **전화해**로
표현해야 할 정도이다. 그러나 문제는
전화는 늘 휴대하는 걸 확인할 수 있지만
사랑은 확인할 도리가 없다는 것이다.

• 1 •

섹스, 그 근본적 소통의 세계를 찾아서

1990년대 우리 문단은 과거 문인들이 보았다면 낯을 붉힐 수도 있는 주제에 탐닉하게 됩니다. 섹스, 에로티즘, 그리고 몸이란 주제가 90년대 문인들의 주동력이었기 때문입니다. 90년대 문단의 움직임을 상징적으로 보여주는 아이콘은 마광수馬光洙, 1951~ 교수일 겁니다. 그는 연세대 국문과 교수라는 권위를 벗어던지고는 파격적이고 자극적인 수많은 강연과 책들을 통해 당시 사회를 뒤흔들었지요. 1989년에 출간된 에세이집 《나는 야한 여자가 좋다》보다 그의 속내를 잘 보여주는 책도 없을 것 같습니다. 마광수 교수는 말합니다. "정신보다는 육체에, 과거보다는 미래에, 집단보다는 개인에, 질서보다는 자유에, 도덕보다는 본능에 가치를 두는 세계관이 바로 야한 정신"이라고 말이지요.

현재 입장에서 마광수 교수의 생각은 전혀 불온해 보이지 않지만, 당시로서는 불온의 상징이었나 봅니다. 1992년 10월 29일은 기념할 만한 날입니다. 이날은 외설소설을 썼다는 이유로 마광수 교수가 세계 최초로 검찰에 긴급 체포되는 사건이 벌어진 날이니까요. 동양과 서양의 구분 없이 2000년 동안 인류를 지배해왔던 정신주의와 금욕주의에 도전장을 던진 용기가 초래한 희극적이지만 서글픈 사건이라고 할 수 있지요. 마광수 교수의 투쟁이 없었다면 1992년 채호기蔡好基, 1957~ 시인도 아마 엄청난 탄압을 받았을지도 모릅니다. 우리로서는 다행스런 일이라고 할 수 있을 겁니다. 1992년 《지독한 사랑》에서부터 2009년 《손가락이 뜨겁다》라는 시집에 이르기까지 섹스, 에로티즘, 그리고 몸과 관련된 집요한 모색이 불가능했을 수도 있었을 테니까 말입니다. 채호기 시인의 중요성은 매우 분명합니다. 이성적이고 합리적인 인간이 아니라 몸을 가지고 살아가는 인간을 이해하려고 할 때, 우리는 채호기 시인을 우회할 수 없기 때문입니다.

2002년에 출간된 시집 《밤의 공중전화》에 등장하는 〈너의 입〉이라는 시는 시인의 감수성이 어디를 향하고 있는지 가장 잘 보여준다고 할 수 있습니다. "입놀림을 통해 인간은 서로서로의 생각을 주고받는다. 그러나 소통의 저 밑바닥, 본질적 소통에는 언제나 섹스가 숨어 있다." 바로 이 대목에서 우리는 채호기 시인의 속내를 분명히 이해하게 됩니다. 시인에게 언어는 하나의 은유 혹은 매체에 불과합니다. 언어는 단지 몸과 몸의 소통과 섞임, 즉 섹스를 상징하기 때문입니다. 시인이 꿈꾸는 소통은 상투어처럼 사용되는 소통의 의미로 이해해서는 안 됩니다. 그것은 "소통의 저 밑바닥"에 있는 본질적인 소통이기 때문입니다. 당연히 여기서 섹스도 일상적인 의미의 성행위 정도로 이해해서는 안 됩니다. 키스하고 성교하는 외적인 행위가 아니라 섹스가 수반하는 '엑스터시ecstasy'가 중요하기 때문입니다.

흔히 무아경無我境이나 황홀恍惚로 번역되는 엑스터시는 글자 그대로 '자신이 없다고 느껴지는 경지나 상태'를 의미합니다. 이것은 엑스터시의 라틴어 어원인 엑스타시스ekstasis에서 예견된 의미이기도 합니다. 바깥을 의미하는 '엑스eks=ex'와 상태를 의미하는 '스타시스stasis'로 구성된 엑스타시스는 '바깥으로 나가 있는 상태'를 의미하기 때문입니다. 바깥이란 무엇일까요? 그것은 바로 타자가 있는 자리입니다. 결국 엑스터시를 목적으로 하는 섹스는 근본적으로 타자와 소통하겠다는 인간의 절절한 의지를 반영하는 것이지요. 내가 나로 머물러 있지 않을 때, 우리는 타자로 건너가게 됩니다. 그러니까 대화와 토론은 어쩌면 소통하지 않겠다는 의지를 전제로 하는 것인지도 모릅니다. 당연한 일이지요. 타자를 설득하는 행위는 기본적으로 나를 버리는 행위가 아니라 타자를 나로 끌어들이는 폭력적인 행위, 즉 나는 나로서 있겠다는 행위이니까 말입니다.

입놀림을 멈추지 않는다면, 입맞춤은 불가능한 법입니다. 어느 순간 언어는 본질적인 소통을 위해서 그 역할을 멈추어야만 합니다. 섹스를 할 때 계속 정치, 경제 혹은 문학에 대해 수다를 떨고 있는 애인을 생각해보세요. 이 경우 이야기하는 사람과 그것을 듣고 평가하는 사람으로 나뉘어 있으니, 황홀을 경험한다는 것은 있을 수도 없는 일이겠지요. 본질적인 소통을 향유하려면 두 사람은 모두 자신의 바깥으로 나가는 상태에 이르러야 합니다. 연인 사이의 언어가 침묵하기 위해 필요한 것도 이런 이유에서입니다. 다시 말해 입놀림이 입맞춤으로 변형될 때까지만 연인 사이의 언어는 의미가 있다는 겁니다. 사랑을 해본 사람은 다 경험했을 겁니다. 서로 간의 이해 부족으로 생기는 말다툼과 긴장이 때로는 진한 키스와 황홀한 섹스로 눈 녹듯이 해소되는 경험 말이지요. 상대방의 손길에 몸을 맡긴다면 나라는 자의식, 나만의 생각, 나만의 느낌이 조용히 사라지기 때문입니다.

• 2 •

차가운 미디어와 뜨거운 미디어

 채호기 시인이 "입놀림", 즉 언어를 부정했다고 생각해서는 안 됩니다. 아니, 그는 부정할 수도 없었을 겁니다. 언어에 의한 소통은 몸에 의한 소통과 이미 불가분의 관계이기 때문입니다. 언어를 사용하는 순간, 침묵도 하나의 언어일 수밖에 없는 것과 마찬가지이지요. 그렇습니다. 매체는 항상 자신이 옮기려고 하는 것에 지울 수 없는 흔적을 남기는 법입니다. 결국 우리는 몸이 언어적이며, 언어는 몸적이라고 해야 할 겁니다. 우리는 언어를 사용하도록 운명 지워져 있기 때문입니다.
 2009년 《손가락이 뜨겁다》에서 채호기 시인은 언어를 넘어서 대중매체가 본질적 소통에 어떤 영향을 주는지 성찰하기 시작합니다. 어쩌면 이것은 당연한 수순일지도 모릅니다. 그에게는 언어도 본질적 소통, 즉 황홀한 섹스의 매체였기 때문입니다. 언어가 연인을 분리시키지만 다시 결합시키는 것처럼, 언어 이외의 모든 매체도 마찬가지일 겁니다. 〈애인이 애인의 전화를 기다릴 때〉는 연인 사이를 분리시키지

만 동시에 연결시키는 전화라는 매체에 대한 시인의 성찰이 번뜩이는 시입니다.

한번 생각해보세요. 문자가 없던 시대에 살았던 연인, 문자 시대에 살았던 연인, 삐삐와 휴대전화를 사용하던 시대의 연인, 스마트폰을 사용하는 시대의 연인. 분명 이 모든 연인들은 나름대로 섹스의 황홀을 경험했거나 경험하려고 하였을 겁니다. 그렇지만 그들의 황홀에는 미묘한 차이가 있을 수밖에 없습니다. 나름대로 고유한 매체를 가지고 있었기 때문이지요. 매체와 사랑에 관한 논의를 더 심화하기 위해 우리는 맥루한Marshall McLuhan, 1911~1980에게서 도움을 얻을 필요가 있습니다. 맥루한만큼 우리 삶과 매체 사이의 역동적 관계를 포착한 사상가도 없을 테니까 말입니다. 맥루한의 사유를 이해하기 위해서 우리는 그가 어떤 이유로 '차가운 미디어'와 '뜨거운 미디어'를 구분했는지 살펴볼 필요가 있습니다.

> 전화처럼 차가운 미디어cool media를 라디오 같은 뜨거운 미디어hot media와, 텔레비전 같은 차가운 미디어를 영화 같은 뜨거운 미디어와 구별하는 기본적인 원리가 있다. 뜨거운 미디어란 단일한 감각을 '고밀도로' 확장시키는 미디어다. 여기서 '고밀도'란 데이터로 가득 찬 상태를 말한다. 사진은 시각적인 면에서 '고밀도'다. 반면 만화는 제공되는 시각적 정보가 극히 적다는 점에서 '저밀도'다. 전화는 차가운 미디어 혹은 저밀도 미디어다. 왜냐하면 귀에 주어지는 정보량이 빈약하기 때문이다. (……) 반면에

뜨거운 미디어는 이용자가 채워 넣거나 완성해야 할 것이 별로 없다. 따라서 뜨거운 미디어는 이용자의 참여도가 낮고, 차가운 미디어는 참여도가 높다.

— 《미디어의 이해 Understanding Media》

사진과 만화는 각각 '차가운 미디어'와 '뜨거운 미디어'를 설명하는 좋은 예일 겁니다. 사진은 만화에 비해 정보량이 많습니다. 맥루한의 말대로 '고밀도'의 미디어인 셈이지요. 당연히 사진을 본 사람이 사진에 자신의 상상력을 부여할 여지가 별로 없습니다. 그저 사진가가 찍은 그대로를 받아들이면 되는 거지요. 그러니 '뜨거운 미디어'인 겁니다. 뜨거운 것은 우리가 만지기 힘드니까 말입니다. 반면, 만화는 사진에 비해 정보량이 적은 '저밀도'의 미디어입니다. 정보량이 적으니까, 우리는 상상력을 발휘하면서 만화를 읽습니다. 이렇게 우리가 개입할 여지가 많기 때문에 만화는 뜨겁지 않은 미디어, 즉 '차가운 미디어'라는 겁니다. 만화를 근거로 만들어진 애니메이션이나 영화를 본 만화 마니아들이 항상 불만을 토로하는 것도 이런 이유에서일 겁니다. 예전에 자신이 개입할 수 있었던 저밀도의 미디어가 이제 자신이 어쩌지 못하는 고밀도의 미디어가 되었기 때문이지요. 자신이 만화에 더했던 상상력이 애니메이션 감독이나 영화감독의 그것과 현저히 다를 때 만화 마니아들의 불만은 더 커질 겁니다.

맥루한이 매체만을 연구했던 단순한 매체 전문가가 아니라, 우리에게 중요한 인문학자일 수 있는 이유가 짐작이 되시나요? 그는 매체를 그 자체로 다루지 않고 우리 삶과의 관계에서 다루고 있기 때문입니다. 그래서 '차가운 미디어'와 '뜨거운 미디어'라는 구분에서 중요한 것은 '미디어'라는 개념이 아니라 '차갑다'와 '뜨겁다'라는 용어일 겁니다. 뜨거운 것은 우리가 어찌하기 어렵습니다. 빨갛게 달구어진 쇳덩어리를 만지기 힘든 것처럼 말입니다. 반면 차가운 것은 우리가 만지기 쉬운 겁니다. 여기서 의구심이 드는 분이 있을 겁니다. 차가운 얼음 같은 것도 만지기 어렵기 때문이지요. 사실 '차가운'으로 번역된 'cool'이란 단어는 우리가 만져서 다루기 쉽다는 것을 의미할 생각이라면, '상쾌한'이나 '쾌적한'이라고 번역해야 합니다. 농가성진弄假成眞, 즉 거짓된 것이 사실이 되어버린 전형적인 예라고 할 수 있을 겁니다. 이렇게 중요한 개념을 '차가운 미디어'라고 번역한 사람은 맥루한의 속내를 고려하지 않았다고, 혹은 문학적 감수성도 없다고 비판받아 마땅한 일이지요.

• 3 •

미디어가 매개하는 인간의 삶과 감각

　1964년에 출간된 맥루한의 주저 《미디어의 이해》에는 매우 중요한 부제가 붙어 있습니다. '인간의 확장the extensions of man'이란 부제입니다. 표면적으로는 인간이 할 수 있는 것이 증가했다는 긍정적인 의미로 읽힐 수 있습니다. 그렇지만 매체가 인간을 확장시켰다는 맥루한의 말 이면에는 인간이 매체의 변화에 수동적으로 적응할 수밖에 없는 현실에 대한 냉정한 진단이 깔려 있습니다. 어쩌면 당연한 일이지요. 우리는 한국어를 배우기 위해 한국을 선택한 것이 아니라 한국에서 태어났기 때문에 한국어에 적응한 겁니다. 이와 마찬가지로 자동차를 사용하는 시대에 태어났기 때문에 우리는 자동차를 사용하게 된 것이지요. 자동차를 사용하는 시절과 그렇지 않았던 시절 사이에는 현저한 차이가 있을 수밖에 없습니다. 자동차를 타는 사람들의 다리 근육과 그렇지 않았던 시절 사람들의 다리 근육을 비교해보세요.

　언어, 자동차, 휴대전화, 인터넷 등 인간관계에 끼어드는 매개mediation인 미디어media는 인간과 그의 삶을 변화시킬 수밖에 없습니다. 그렇다면 구체적으로 미디어는 우리를 어떻게 변화시킬까요? 맥루한의 이야기를 들어보지요.

> 우리가 우리 자신을 증폭시키고 확장시키는 새로운 미디어와 기술들은 방부 처리를 전혀 하지 않은 채 사회라는 신체에 가하는 어마어마한 집단적 외과 수술이다. 그런데 수술을 반드시 해야 한다면, 수술하는 동안 전체 조직이 어떤 식으로든 감염되지 않을 수 없다는 사실을 고려해야 한다. 왜냐하면 새로운 기술로 사회를 수술하는 동안 가장 큰 영향을 받는 부분은 절개된 부분이 아니기 때문이다. 절개된 부분과 충격을 받는 부분은 마비된다. 변화가 일어나는 것은 전체 조직이다. 라디오의 영향은 시각적인 것이고, 사진의 영향은 청각적인 것이다. 새로운 충격이 가해질 때마다 모든 감각들 사이의 배분 비율은 바뀌게 된다.
>
> ―《미디어의 이해》

미디어를 포함한 인간의 기술들은 사회라는 신체에 가해지는 집단적 외과 수술이라는 맥루한의 지적은 섬뜩하기까지 합니다. 예를 들어 정상인이 다리 하나를 절단하는 외과 수술을 받았다고 해보지요. 표면적으로는 다리 하나가 변화의 대상인 것처럼 보이지만, 사실 우리가 주목해야 할 것은 그의 몸 전체가 변화된다는 점입니다. 우선 남은 다리가 정상적인 다리였을 때보다 튼튼해지고, 팔도 아주 강건해지겠지요. 휠체어나 목발을 사용하기 때문이지요. 또 그의 내면도 다리를 잘라낸 뒤 과거와는 매우 다른 면모를 보일 겁니다. 상당히 유기체론적인 사유지요. 유기체론organicism에 따르면, 유기체의 경우 어떤 부분의 변화가 전체의 변화를 야기하고, 나아가 전체의 변화가 유기체의 다른 모든 부분의 변화를 야기한다고 합니다. 이것은 맥루한이 화이트헤드 Alfred North Whitehead, 1861~1947의 형이상학에 영향을 받은 탓입니다. 화이트헤드는 기계론적 자연관 대신에 유기체론적 자연관에 입각해서 세계와 인간이 생성하고 변화하는 원인을 형이상학적으로 해명한 철학자입니다.

미디어와 관련된 맥루한의 유기체론적 통찰은 "라디오의 영향은 시각적인 것이고, 사진의 영향은 청각적인 것"이라는 진단에서 분명해집니다. 청각에 작용하는 미디어이기 때문에 라디오는 청각에 영향을 끼칠 것이고, 시각에 작용하는 미디어이기 때문에 사진은 시각에 영향을 끼칠 것이라는 우리의 생각과는 다른 판단입니다. 라디오가 등장하면서 분명 청각은 가장 강하게 작용하는 감각 기관이 됩니다. 그렇지만 나머지 감각, 즉 시각, 촉각, 후각, 미각 등등은 이에 맞서 자신의 능력을 새롭게 배치하게 됩니다. 사진이 등장할 때도 마찬가지입니다. 시각을 제외한 나머지 감각 능력들이 주어진 조건에 맞서 나름대로 자신들의 역량을 재배치하게 될 겁니다. 이것이 바로 맥루한이 "라디오의 영향은 시각적인 것이고, 사진의 영향은 청각적인 것"이라는 문학적 표현으로 의도했던 것이지요.

"사랑이란 기호는 전화로 바뀌어/이제 연인들은 사랑해를 전화해로/표현해야 할 정도"가 되었다는 시인의 말이 눈에 들어오나요? 맥루한이 앞에서 말했듯이 "전화는 차가운 미디어, 혹은 저밀도 미디어"입니다. 다시 말해 전화 통화만으로 우리는 상대방이 내게 느끼는 감정의 정확한 속내를 쉽게 파악할 수 없다는 겁니다. 정보량이 너무 적기 때문이지요. 그래서 전화로 들려오는 애인의 목소리를 듣고 우리는 오만가지 상상력을 발휘하게 됩니다. 당연히 이 경우 상상력은 청각적이기보다는 시각적일 겁니다. 지금 어떤 모습을 하고 있을까? 혹시 목욕을 마친 섹시한 모습일까? 아니면 지금 다른 사람의 품에 안겨서 전화를 받고 있는 것은 아닐까? 이런 수많은 상상이 가능한 것은 전화라는 미디어가 단지 소리만을 들려주기 때문입니다. 당연히 시각을 포함한 나머지 감각들은 상상력과 결합해 작동할 수밖에 없는 것이지요.

직접 만난다면 청각은 상대방을 감지하는 한 가지 요소에 지나지 않습니다. 그렇지만 전화라는 미디어가 나오면서, 목소리가 상대방을 감지할 수 있는 유일한 감각이 되어버린 겁니다. 그렇지만 잊지 말아야 할 것은, 전화 통화를 한다는 것은 두 사람이 현재 만날 수 없는 슬픈 상황에 처해 있다는 사실을 전제로 하고 있다는 점입니다. 그렇기 때문에 이런 경우 전화는 두 사람을 연결시켜주는 유일한 줄, 혹은 너무나 가늘어서 언제 끊어질지도 모를 줄일 수밖에 없습니다. 그래서 우리는 "어떤 때는 전화기의 기계 고장이/사랑의 고장, 복통, 심장 파열로까지/오바하는" 지경에 이르게 된 겁니다. 그러나 더 중요한 점은 전화가 연인과의 황홀한 섹스를 예감하게 하면서도 그것을 무한히 연기한다는 것 아닐까요? 몸과 몸이 만나야만 근본적인 소통, 즉 자신을 벗어던지며 서로 얽히는 엑스터시가 가능할 테니까 말입니다. 그렇기 때문에 시인도 시를 마무리하면서 혼잣말처럼 되뇌고 있는지도 모릅니다. "그러나 문제는/전화는 늘 휴대하는 걸 확인할 수 있지만/사랑은 확인할 도리가 없다는 것이다."

더 읽어볼 책들

채호기, 《손가락이 뜨겁다》, 문학과지성사, 2009년
채호기는 육체가 아닌 몸의 시인이다. 육체가 물질과 같은 뉘앙스를 갖는다면, 몸은 세계와 호흡하는 살아 있는 그 무엇이다. 우리는 무엇보다 먼저 몸으로 살아가고, 느끼고, 행동하는 존재라고 할 수 있다. 바로 이것이 채호기 시인을 평생 따라다니는 화두의 정체이다. 그렇기 때문에 우리는 채호기 시인에게서 선비와 같은 정신성을, 혹은 몸의 유혹을 거부하는 고고한 의지를 찾으려고 해서는 안 된다. 반성은 늘 때늦은 것처럼, 정신은 몸이 더는 세계와 소통할 수 없을 때, 혹은 소통을 거부할 때 찾아드는 법이니까. 우리의 몸은 정신보다 앞서, 심지어 정신이 활동할 때도 그 밑에서 항상 움직이고 느낀다. 그의 시들은 바로 이 부분에 촉각을 곤두세우고 있다. 정신이 아닌 몸의 위대함, 그러니까 세계와 늘 소통하고 있는 우리 자신을 보려는 독자들이 채호기의 시를 우회할 수 없는 것도 이 때문이 아닐까.

맥루한, 김성기·이한우(옮김), 《미디어의 이해–인간의 확장》, 민음사, 2002년
인간 사이의 소통에는 어떤 종류든 간에 미디어, 그러니까 매체가 끼어들게 마련이다. 과거에는 봉화나 편지 같은 것들이 그런 역할을 했다면, 지금은 스마트폰과 인터넷이 그런 역할을 대신하고 있다. 자동차를 자주 타면 다리 근육에 큰 변화가 오는 것처럼, 어떤 매체에 길들여지느냐에 따라 우리는 전혀 다른 사람으로 변할 수 있다. 그래서 미디어 혹은 매체가 중요한 법이다. 매체 연구를 하나의 독립된 연구 영역으로 만든 것, 이것이 맥루한의 위대함이고 그의 주저 《미디어의 이해》가 중요한 이유이다. 책의 1부는 미디어 일반에 대한 원론적 접근이다. 개인적으로 흥미로웠던 부분은 2부이다. 살면서 누구나 접하게 되는 의복, 주택, 돈, 시계, 만화, 비행기, 사진, 신문, 자동차, 영화 등에 대해 매체라는 관점에서 새로운 접근을 시도하고 있기 때문이다.

벤야민, 최성만(옮김), 《기술복제시대의 예술작품—사진의 작은 역사 외》, 길, 2007년
현대 미학에 대한 논의는 숭고의 미학과 매체의 미학으로 양분할 수 있다. 매체는 아름다움에 어떻게 영향을 미치는가? 이 물음에 처음 제대로 답했던 이가 발터 벤야민이다. 〈기술복제시대의 예술작품〉이 논문이지만 웬만한 고전을 뛰어넘는 파괴력을 가진 것도 이런 이유에서다. 길출판사에서 펴내는 벤야민의 대표작 시리즈 중 두 번째 책에 실려 있다. 책에는 이 외에도 영화, 연극, 그리고 방송 일반에 대한 흥미진진한 논문들이 실려 있다. 한마디로 이 책은 그의 매체 미학의 전모를 알려주기 위해 편집된 것으로 보인다. 미디어와 매체에 대한 맥루한의 이해와 벤야민의 이해를 결합시킬 수는 없을까? 만약 이것이 가능하다면, 매체와 인간에 대한 더 포괄적인 전망이 가능하지 않을까?

chapter 7

진정한 자유인의 길

·

신동엽과 클라스트르

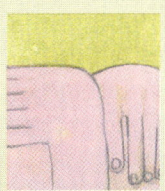

진달래 山川
신동엽

길가엔 진달래 몇 뿌리
꽃펴 있고,
바위 모서리엔
이름 모를 나비 하나
머물고 있었어요.

잔디밭엔 장총을 버려 던진 채
당신은
잠이 들었죠.

햇빛 맑은 그 옛날
후고구렷적 장수들이
의형제를 묻던,
거기가 바로
그 바위라 하더군요.

기다림에 지친 사람들은
산으로 갔어요

뼛섬은 썩어 꽃죽 널리도록.

남햇가,
두고 온 마을에선
언제인가, 눈먼 식구들이
굶고 있다고 담배를 말으며
당신은 쓸쓸히 웃었지요.

지까다비 속에 든 누군가의
발목을
과수원 모래밭에선 보고 왔어요.

꽃살이 튀는 산허리를 무너
온종일
탄환을 퍼부었지요.

길가엔 진달래 몇 뿌리
꽃펴 있고,
바위 그늘 밑엔
얼굴 고운 사람 하나
서늘히 잠들어 있었어요.

꽃다운 산골 비행기가

지나다

기관포 쏟아 놓고 가버리더군요.

기다림에 지친 사람들은

산으로 갔어요.

그리움은 휘올려

하늘에 불붙도록

뼛섬은 썩어

꽃죽 널리도록.

바람 따신 그 옛날

후고구렷적 장수들이

의형제를 묻던

거기가 바로

그 바위라 하더군요.

잔디밭엔 담배갑 버려 던진 채

당신은 피

흘리고 있었어요.

• 1 •

불가능한 꿈을 통해 삶을 직시한 시인

'김수영金洙暎, 1921~1968 시인'이라고 부를 때 마음이 편하지 않습니다. 서정주 시인, 김춘수 시인, 이성복 시인, 황지우 시인 등도 위대하지만, 그는 위대한 시인 이상으로 다가오기 때문입니다. 김수영은 시인 중 한 명이 아니라, 시인 자체로 기억되어야 할 겁니다. 김수영이 시인이고, 시인이 김수영이라는 것이지요. 1968년, 이 세상을 떠나기 4개월 전 시인은 〈실험적인 문학과 정치적 자유〉라는 글을 쓰면서 문학이 무엇인지를 토로합니다. "모든 실험적인 문학은 필연적으로 완전한 세계의 구현을 목표로 하는 진보의 편에 서지 않을 수 없게 되는 것이다. 모든 전위문학은 불온하다. 그리고 모든 살아 있는 문학은 불온한 것이다. 그것은 두말할 것도 없이 문화의 본질이 꿈을 추구하는 것이고 불가능을 추구하는 것이기 때문이다." 불가능한 꿈을 통해서 자신의 삶과 현실을 직시하기! 이것이 바로 김수영입니다.

이런 김수영이 서정시적 전통에 매몰되어 있는 시단을 좋게 볼 리 없었습니다. 그의 날카로운 시 평론에서 무사할 수 있다는 건 대단한 일이었습니다. 그런 김수영의 눈에 한 후배 시인이 들어옵니다. 그가 바로 신동엽申東曄, 1930~1969 시인입니다. 1966년 3월에 김수영 시인은 〈젊은 시대의 결실〉이란 시 평론을 쓰게 됩니다.

> 6·25 이후 우리 시단의 현대시의 주요한 추세가, 최근에 와서 《한양》의 장일우의 시론을 전후해서 특히 추구해온 현실 극복의 과제는 그것이 작품으로서 성공적으로 결정되는 일이 사실상 너무나 당연한 일이면서도 가장 지난한 일로 되어왔다. 수많은 사람들이 이 목표를 위해서 분투해온 것을 우리들은 알고 있는데, 특히 정공적正攻的인 자세로 이 목표를 달성한 작품은 거의 한 편도 없다고 해도 과언이 아니다. 신동엽의 〈발〉은 그 목표에 도달한 최초의 작품이라고 생각된다.

일어서야지,
양말 신은 발톱 흉물 떨고 와
논밭 위 세워논, 억지 있으면
비벼 꺼야지,
열 번 부러져도 그 사랑
발은 다시 일으켜 세우기 위하여 있는 것
발은 인류에의 길
멀고 멀음을 증명하기 위하여 있는 것,

다리는 절름거리며 보리수 언덕 그 미소를 찾아가려 나왔다.

다시 전화戰火는 가고

쓰러진 폐허

함박눈도 쏟아지는데

어디서 나왔을까, 너는 또

뚜벅뚜벅 걸어오고 있었다.

평범한 이미지에 풍자까지 섞어가면서 정형적인 구성 속에 강인한 미래상을 제시하는 데 성공하고 있다. 경하할 일이다.

불행히도 충청남도 부여에서 태어난 농민의 아들 신동엽은 김수영의 찬사와 관심에도 불구하고 두 번째 시인으로 화려하게 꽃피지 못하고 우리 곁을 너무나 빨리 떠나갑니다. 이미 1957년에 각혈로 간신히 잡은 고등학교 교사 자리도 그만두었지요. 사실 이때 신동엽 시인의 간에는 암세포가 자라고 있었는지도 모릅니다. 어쨌든 각혈이 잦아들고 몸이 나아지자, 신동엽 시인은 4·19혁명 속에서 동학혁명을 읽어낼 정도로 성숙한 안목을 갖추어가며, 억압과 굴욕이 아닌 자유와 사랑의 시를 써내려가기 시작합니다. 그렇지만 1968년 6월 16일 김수영이 불의의 교통사고로 떠났을 때, 신동엽은 혼자서 시인으로 남겨지게 됩니다. 그것이 힘들었던가요. 그 다음해인 1969년 4월 7일, 간암 선고를 받은 지 한 달 만에 신동엽 시인도 서른아홉 살의 나이로 김수영 시인을 따라 우리 곁을 훌훌히 떠나버립니다.

신동엽 시인은 죽음을 예감하고 있었나 봅니다. 〈만약 내가 죽게 된다면〉이란 시를 미리 쓴 것을 보니 말입니다. "다만 만백성이 만백성을 위하여 평화스러이 노래 부르며/일하는 아름다운 나라를 보고 싶었기에/불태워 보낸 젊음이었노라, 혀를 깨물어/분류처럼 내달려온 젊음이었노라/(……) 나의 발바닥과 손길과 숨결이 스쳐간/나무며 돌이며 벌판이며 아름다운 강산이여/들으라 마지막 하는 내 생명의 율동/지금도 살육의 제단에서 고혈에 포화가 되어/수무족도하는 여름밤의 부나비떼를 보노라/그러나 들으라 나의 벗들이여/먼동 트는 대지여/내 그대들의 추억을 지니고서 어찌 미련 없이 떠날 수 있겠느냐/산월달이 된 자유의 여신을/그리하여 탄생될 자유의 여신을 그대들에게 부탁하며/나의 청춘은 어린 산아를 위하여 피가 되려 하노라/독재정치에 희생이 된 내 생명은/신성한 평화를 위하여 주춧돌이 되어지리라."

억압과 불평등이 있는 곳에서 왜 문학이 불온할 수밖에 없는지, 그리고 시인이 왜 피를 흘려야 하는지, 지금 우리는 알고 있는 걸까요? 아니면 이렇게 물어보아도 될 것 같습니다. 김수영이 남긴 불온한 정신이 우리에게 남아 있기나 한 걸까요? 아니면 신동엽이 부탁한 자유의 여신을 탄생시켜 기르고 있는 걸까요? 이미 주춧돌이 놓였는데, 그 위에 자유의 집을 짓기보다는 억압과 굴종의 집을 짓고 있는 것은 아닐까요? 그렇습니다. 신동엽이 잊힌다는 것은 자유의 주춧돌이 망각된다는 것을 의미합니다. 어쩌면 시인도 자신의 운명을 예견했는지 모릅니다. 1959년 발표하자마자 시인에게 엄청난 정치적 시련을 안겨주었던 〈진달래 산천〉에 등장하는 "얼굴 고운 사람", 지리산 한편 진달래꽃 붉게 피어 있는 어느 바위 그늘에서 잠들어버린 그 사람처럼 말이지요. 이제 우리라도 신동엽 시인을 기억하려고 합니다. 그를 기리기 위해서가 아니라 우리의 자유정신을 되찾기 위해서입니다. 자유로울 때, 혹은 자유로워지려고 할 때에만 우리는 김수영 시인과 신동엽 시인에 이어 세 번째 시인이 될 수 있을 테니까요.

• 2 •

구름 한 송이 없는 맑은 하늘을 본 사람들

지리산 어느 산자락 진달래가 흐드러지게 핀 바위 옆에서 죽어간 "얼굴 고운 사람"은 무엇 때문에 아무도 모르게 이 세상을 고독하게 떠나간 것일까요? 시를 읽어보면 그에게도 가족이 있었던 것 같습니다. 가족들은 굶주리고 있는데 그는 지리산에서 무엇을 하고 있었던 것일까요? 당장 뛰어 내려가 그들을 돌볼 수도 있었지만, 그가 산사람으로 머물렀던 이유는 무엇이었을까요? 그는 "기다림에 지친 사람들" 중 하나였습니다. 배고픔으로 상징되는 억압이 해소되기를 기다리다 기다리다 지쳐서, 이제 기다리기보다는 억압을 직접 해소하려고 작정한 겁니다. 그래서 그를 포함한 많은 사람들이 산으로 올라갔습니다. 메시아를 기다리기보다는 스스로 메시아가 되려고 한 것이었지요. 멋진 군복, 정연한 체제를 갖춘 토벌군에 비해 그들은 초라하기 이를 데 없는 군복 아닌 군복을 입고, 일사불란한 명령 체계보다는 얼핏 오합지졸과 같은 조직으로 움직였습니다. 이들이 바로 산사람들, 즉 빨치

산partisan이었습니다.

  아직 억압을 하나의 숙명처럼 받아들이는, 그래서 "눈이 아직도 먼" 채로 고향에 남겨진 가족들과는 달리 산사람들의 눈은 지리산 능선에서 바라보는 하늘만큼 맑았던 겁니다. 세상을 떠난 뒤 유작시로 발표된 어느 시에서 신동엽 시인은 노래했던 적이 있지요.

누가 하늘을 보았다 하는가
누가 구름 한 송이 없이 맑은
하늘을 보았다 하는가.

네가 본 건, 먹구름
그걸 하늘로 알고
일생을 살아갔다.

네가 본 건, 지붕 덮은
쇠항아리,
그걸 하늘로 알고
일생을 살아갔다.

닦아라, 사람들아
네 마음속 구름

찢어라, 사람들아

네 머리 덮은 쇠항아리.

아침 저녁

네 마음속 구름을 닦고

티 없이 맑은 영원의 하늘

볼 수 있는 사람은

외경畏敬을

알리라.

아침 저녁

네 머리 위 쇠항아릴 찢고

티 없이 맑은 구원久遠의 하늘

마실 수 있는 사람은

연민憐憫을

알리라

차마 삼가서

발걸음도 조심

마음 아모리며.

서럽게

아, 엄숙한 세상을

서럽게

눈물 흘려

살아가리라

누가 하늘을 보았다 하는가,

누가 구름 한 자락 없이 맑은

하늘을 보았다 하는가.

— 〈누가 하늘을 보았다 하는가〉

방금 읽은 시만큼 김수영이 신동엽에게 얼마나 중요한 멘토였는지를 보여주는 것도 없을 겁니다. 인간의 자유를 긍정하고 노래할 수 없다면, 시인이 될 수 없는 법입니다. 신동엽의 시는 구름 한 자락 없이 맑은 하늘, 즉 자유를 체험했다는 선언입니다. 흥미로운 것은 신동엽의 시는 김수영이 4·19혁명 후인 1960년 6월 15일에 쓴 〈푸른 하늘을〉이란 시에 대한 화답이라는 점입니다. 결국 신동엽은 자신과 김수영을 제외하고는 푸른 하늘을 보았다고 자임할 수 없다는 이야기를 하고 있는 셈입니다. 10년 전 김수영이 썼던 시를 한번 읽어볼까요.

푸른 하늘을 제압하는

노고지리가 자유로왔다고

부러워하던

어느 시인의 말은 수정되어야 한다

자유를 위해서
비상하여본 일이 있는
사람이면 알지
노고지리가
무엇을 보고
노래하는가를
어째서 자유에는
피의 냄새가 섞여 있는가를
혁명은
왜 고독한 것인가를

혁명은
왜 고독해야 하는 것인가를

— 〈푸른 하늘을〉

　자유를 위하여 비상해본 일이 있는 사람은 그 높은 곳에서 무엇을 보았으며, 그 높은 곳에서 어떤 감정이 들었을까요? 10년이 지난 뒤 신동엽은 마침내 김수영이 자유를 위해 비상해본 경지를 이해하고 공감하게 됩니다. 그렇습니다. 신동엽의 시 〈누가 하늘을 보았다 하는가〉는 김수영의 시 〈푸른 하늘을〉에 대한 화답이었던 셈입니다. 이제야 우리는 김수영이 푸른 하늘에서 보았던 것, 혹은 진달래 산천에서 죽어간 "얼굴 고운 사람"이 눈을 감으며 마지막으로 보았던 것이 무엇인지를 이해하게 됩니다. 그것은 자유로운 삶에 대한 '외경'이자, 그것을 보지 못하는 이웃들에 대한 '연민'이었습니다. 그는 억압을 숙명으로 받아들이지 않고 찢고 닦아야 할, 그래서 마침내 극복해야 할 것으로 보았던 겁니다. 아니 정확히 말하자면 그는 "구름 한 자락 없이 맑은 하늘을" 보았기 때문에 산으로 올라갔다고 해야 할 겁니다. 그에게 산은 자유로운 삶의 터전이었기 때문입니다.

산사람들의 곱고 아름다운, 그리고 맑은 삶을 생각하다 보면, 권력과 자본에 눈먼 우리들의 삶에 안타까움과 애절함을 금할 길이 없습니다. 산사람들의 삶은 야만이고, 권력에 포획된 자신의 삶은 문명이라고 오해하고 있으니까 말이지요. 신동엽이 태어난 지 얼마 안 되어 저 멀리 프랑스에서는 정치철학자 클라스트르Pierre Clastres, 1934~1977가 태어납니다. 신동엽처럼 그도 "구름 한 송이 없는 맑은 하늘"을 보았던 사람입니다. 자신이 살고 있는 문명사회가 바로 야만사회이고, 문명사회가 조롱하는 야만사회야말로 사실은 문명사회라는 것을 깨달았기 때문입니다.

고대적 사회, 각인의 사회는 국가 없는 사회, 국가에 대항하는 사회다. 모든 신체에 똑같이 새겨진 각인은 다음과 같이 선언한다. 즉 '너희들은 권력의 욕망을 지니지 않을 것이고, 복종의 욕망을 지니지 않을 것이다!' 라고. 이 분리되지 않은 법은 분리되지 않은 공간, 즉 신체 그 자체 이외의 곳에 새기는 것이 불가능한 것이다. 이미 이 모든 것을 알고 있었고, 끔찍한 참혹함을 대가로 그보다 더 끔찍한 참혹함이 출현하는 것을 막고자 한 야만인들의 감탄을 금할 수 없는 심오함. 그것은 신체에 새겨진 법은 망각할 수 없는 기억이라는 것이다.

—《국가에 대항하는 사회 La Société Contre l'Etat》

아메리카 인디언들의 잔혹한 통과의례를 보았던 많은 문명인들은 그들이 야만인이라고 결론을 내렸습니다. 신체에 쇠꼬챙이를 꽂거나 날카로운 칼로 문신을 새기는 모습을 보았다면, 우리도 아마 그런 판단을 내렸을 겁니다. 그렇지만 클라스트르는 인디언 공동체에서 모든 사람들이 예외 없이 그런 통과의례를 거친다는 사실에 주목합니다. 그렇습니다. 신체에 새겨진 흔적은 지배와 피지배의 구분을 각인시킨 것이 아니었습니다. 그럼 무엇 때문에 이런 잔혹한 통과의례를 거치는 걸까요? 오랜 현장 조사와 숙고 끝에 클라스트르는 하나의 결론에 이르게 됩니다. 각인된 상처는 모든 사람이 평등하며 자유롭다는 선언이라는 것을 말이지요. "너희들은 권력의 욕망을 지니지 않을 것이고, 복종의 욕망을 지니지 않을 것이다!"

동물들의 세계는 약육강식의 법칙이 지배합니다. 그래서 동물과 다른 존재라면, 혹은 다른 존재일 수 있다면, 인간은 약육강식의 법칙을 초월할 수 있어야만 합니다. 불행히도 인간은 일정 정도 동물의 본성을 가지고 있는 존재입니다. 당연히 자신의 내면에 깔려 있는 약육강식, 즉 약한 자를 지배하고 강한 자에게 복종하려는 본성을 극복하지 못한다면, 인간은 동물과 하등 차이가 없는 존재일 겁니다. 《네 고통은 나뭇잎 하나 푸르게 하지 못한다》라는 산문집에서 이성복 시인이 "입으로 먹고 항문으로 배설하는 것은 생리이며, 결코 인간적이라 할 수 없다. 그에 반해 사랑은 항문으로 먹고 입으로 배설하는 방식에 숙달되는 것"이라고 강조했던 것도 바로 이 때문이었습니다. 이성복 시인의 지적은 정확할 뿐만 아니라 예리하기까지 합니다. 생각해보세요. 추운 날 사랑하는 사람을 위해 옷을 벗어주기. 앓아누운 사랑하는 사람 곁에서 억지로 잠을 쫓으며 간호하기. 사랑하는 사람을 위해 소중한 생명마저도 기꺼이 내어주기. 이제 분명해지셨나요? 인간의 사랑은 생리를 거스를 때에만 그 빛을 발하는 법이지요.

· 3 ·

우리는 새빨간 알몸이 될 수 있는가

피라미드, 만리장성, 경복궁, 나아가 현대의 마천루는 문명의 상징일까요, 아니면 야만의 상징일까요? 거대한 건물들은 소수의 사람이 다수의 사람들을 동원하지 않았다면 불가능했다는 사실을 생각한다면, 우리의 대답은 분명합니다. 유네스코가 지정한 세계 유산들 대부분은 아이러니하게도 야만의 상징일 수밖에 없습니다. 만약 상대방이 약하다고 지배하지 않고 강하다고 복종하지 않는다면, 다시 말해 누구도 자유정신을 잃지 않았다면, 몇몇 철없는 사람들이 자랑하는 거대 문명은 가능할 수도 없었을 겁니다. 그렇습니다. 인류가 자랑하는 모든 화려한 문물에는 억압과 지배라는 동물적 야만성이 숨어 있습니다. 누가 피라미드와 경복궁의 돌을 옮겨 쌓았을지 상상해보세요.

그렇지만 인디언 공동체는 모든 구성원들이 예외 없이 한 가지 약속을 했습니다. 누구도 지배하지 않고 누구의 지배도 받지 않겠다는 자유인의 약속 말이지요. 이런 약속을 한 사람들이기 때문에 그들은 타인들을 노예로, 혹은 노동력으로 지배하여 거대한 건물을 만든다는 생각조차 할 수 없었던 겁니다. 아니 그런 생각을 하고, 나아가 그럴 만한 힘을 가지고 있었다고 하더라도 그들은 다른 성원들을 통제할 수 없었을 겁니다. 타인에게 복종하여 그들의 지배를 받느니 스스로 죽음을 선택했을 테니까 말입니다.

클라스트르의 말대로 인디언들은 잔혹한 통과의례를 통해 "끔찍한 참혹함을 대가로 그보다 더 끔찍한 참혹함이 출현하는 것을 막고자 한" 겁니다. 끔찍한 참혹함은 자신의 내면에 괴물처럼 꿈틀거리고 있는 약육강식의 동물성을 통제하기 위한 것이었습니다. 만약 이것만 막을 수 있다면, 국가라는 더 거대하고 끔찍한 억압 체제의 탄생을 원천적으로 봉쇄할 수 있다는 기대에서 말입니다. 마침내 우리는 알게 되었습니다. 과거 야만사회보다 진보했다고 생각하는 문명사회야말로 약육강식의 동물성이 활짝 개화한 세계라는 사실을 말이지요. "국가에 대항하는 사회"가 "국가에 대항하지 못하는 사회", 즉 "국가로 상징되는 복종과 지배의 사회"로 변질된 셈입니다. 그렇기 때문에 클라스트르에 따르면 인류에게는 오직 두 가지 역사만 존재하는 셈입니다. '국가에 대항했던 역사'와 '국가에 굴복했던 역사'가 바로 그것입니다.

> 원시사회에서 경제적인 것이 확연히 구별되고 자율적인 영역으로 정의되며, 생산 활동이 그 노동의 성과를 향유하는 자들에 의해 강제되고 계산되어 소외된 노동이 되는 것은 사회 자체도 이미 지배자와 피지배자, 주인과

하인으로 분화된 사회가 되었다는 것이며, 원시사회를 파괴하게 될 요소들인 권력과 권력에 대한 경의가 작동하는 것을 막을 수 없게 되었다는 것이다. 노동 분업도 포함해서 다른 모든 분화의 기초가 되는 주된 분화는 기저로부터 정점까지 사물을 새롭게 수직적으로 배열하는 것이고, 군사적으로나 종교적으로 힘을 가진 자들과 그 힘에 종속되는 자들 사이의 거대한 정치적 단절이다. 권력이란 정치적 관계는 착취라는 경제적 관계에 선행하며 그것을 만들어낸다. 소외는 경제적 소외이기 이전에 정치적 소외이다. 권력은 노동에 선행하며, 경제적인 것은 정치적인 것의 파생물이고, 국가의 생성이 계급의 출현을 규정한다.

— 《국가에 대항하는 사회》

클라스트르는 권력, 즉 국가 기구를 막지 못하면서 억압과 지배의 역사가 시작되었다고 이야기합니다. '국가에 애써 대항하려고 했던 사회'에서는 불가능한 지배자와 피지배자, 혹은 주인과 하인이란 위계성이 등장한 겁니다. 그것은 자유롭고 평등했던 인간적 공동체, 즉 진정한 문명을 지향했던 '자유로운 공동체'가 하나의 전설로 남게 되었다는 것을 의미합니다. 하나의 정식처럼 등장하는 정신노동과 육체노동이란 해묵은 분업 논리가 국가의 효율성을 정당화하는 원초적 담론으로 출현한 것도 바로 이때부터일 겁니다. 물론 정신노동은 지배자의 몫이고, 육체노동은 피지배자에게 맡겨진 몫이지요. 그렇습니다. 피라미드를 만들려면 군주와 수많은 노예들이 필요합니다. 거대한 빌

딩을 지으려면 자본가와 수많은 노동자들이 필요합니다. 그렇지만 이 속에 억압과 지배라는 정치적인 논리가 작동하고 있다는 사실을 우리는 잊어서는 안 됩니다.

'국가에 대항하는 사회'를 관찰하다가 클라스트르는 모든 것을 경제적 관계로 설명하려고 했던 마르크스주의마저도 공격하게 됩니다. 생산력과 생산관계의 모순이 정치와 법률, 혹은 국가 기능을 뒤흔든다는 것이 《공산당 선언Manifest der Kommunistischen Partei》의 핵심 취지였으니까요. 물론 그가 인간을 억압으로부터 구제하려는 마르크스의 정신마저 부정하는 것은 아닙니다. 사실 프랑스 파리를 뒤흔들었던 파리 코뮌으로부터 유래한 마르크스의 코뮤니즘communism도 '자유로운 개인들의 공동체', 즉 '국가에 대항하는 사회'를 꿈꾸었으니까 말입니다. 그럼에도 클라스트르가 "권력이란 정치적 관계는 착취라는 경제적 관계에 선행하며 그것을 만들어낸다"고 강조했던 이유는 무엇일까요? '자유로운 개인들의 공동체'란 경제적 구조나 정치적 구조를 변혁시켜서 달성할 수 있는 것이 아니라, 우리가 남을 지배하거나 남에게 복종하려는 야만적 동물성을 원천적으로 극복할 때에만 가능하다고 판단했기 때문입니다.

그렇다고 해서 지배자와 주인만 제거하면 아주 쉽게 '자유로운 공동체'가 다시 도래할 것이라고 낙관하지는 마세요. 타인을 지배하는 사람과 타인에게 복종하는 사람으로 양분되었을 때, 타인에게 복종하는 사람에게는 언젠가 자신도 누군가를 복종시키겠다는 욕망이 잠재

되어 있으니까 말입니다. 그래서 기존 국가 체제를 붕괴시킨다고 해도 '자유로운 공동체'가 되돌아오기보다는 단지 다른 지배자나 주인으로 대치되는, 즉 화장을 새롭게 고친 국가 체제가 다시 시작되었던 겁니다. 만약 공동체의 성원 하나하나가 목숨을 걸고 지배자나 주인에게 복종하기를 거부했다면, 자신의 자유를 지키기 위해 차라리 죽음을 선택하려고 했다면, '국가에 대항하는 사회'는 지켜질 수 있었을지 모릅니다. 결국 주인만큼 하인도 '국가에 복종하는 사회'를 만드는 데 공범이었던 셈입니다.

클라스트르는 외칩니다. "지배도 복종도 거부하는 자유인이 되어야 한다"고. 마찬가지로 우리 시인 신동엽도 울부짖습니다. "황량한 대지 위에 우리의 터전을 마련하고 우리의 우리스런 정신을 영위하기 위해선 모든 이미 이루어진 왕궁, 성주, 문명탑 등의 쏘아 붓는 습속의 화살밭을 벗어나 우리의 어제까지의 의상, 선입견, 인습을 훌훌히 벗어던진 새빨간 알몸으로 돌아와 있을 수 있어야 하는 것이다."(《시인정신》) 첫 번째 시인이 자유로운 삶과 세계를 통해 불완전한 삶과 세계의 허접함을 노래하였다면, 우리의 두 번째 시인은 새빨간 알몸, 즉 자유정신을 회복하기 위해 우리 "마음속 구름을 닦고, 머리 위 쇠항아릴 찢는" 한 발을 내려놓습니다. 그렇기 때문에 첫 번째 시인은 두 번째 시인의 시를 "경하할 일"이라고 축하했던 겁니다.

김수영이 떠났을 때 신동엽은 말합니다. "한반도 위에 그 긴 두 다리를 버티고 우뚝 서서 외로이 주문을 외고 있던 천재 시인 김수영. 그의 육성이 왕성하게 울려 퍼지던 1950년부터 1968년 6월까지 근 20년간, 아시아의 한반도는 오직 그의 목소리에 의해 쓸쓸함을 면할 수 있었다"라고 말이지요. 이제 그 홀로 남겨진 쓸쓸함이 절절하기만 합니다. 그 짐이 너무 무거웠던 걸까요? 아니면 김수영이 그리웠던 걸까요? 신동엽도 짐을 벗어던지고 우리 곁을 떠나갑니다. 진달래 우거진 바위 곁에 방치된 채로 잊힌 신동엽의 짐을 다시 찾아 짊어질 수 있는 세 번째 시인은 누구일까요?

더 읽어볼 책들

신동엽, 《신동엽 전집》, 창작과비평사, 1975년

김수영의 까다로운 안목에도 장래가 촉망되는 시인으로 인정받았던 이가 바로 신동엽이다. 이 책은 그런 신동엽의 모든 시와 시만큼 강렬한 산문들을 한데 모은 것이다. 민족주의와 아나키즘 사이에서 균형을 잡기 위해 평생 애썼던 사람이 바로 신동엽이고, 그랬던 글이 바로 그의 시다. 분단된 현실에서 민족주의 시인으로 부각되었지만, 사실 민족주의란 시인이 오랫동안 입고 있기에는 너무나 국수주의적인 옷이 아닐까? 이 점에서 그의 산문 중 〈시인정신〉은 매우 중요한 자료라고 하겠다. 신채호에게도 강한 영향을 끼친 러시아의 아나키스트 크로포트킨의 흔적이 매우 농후한 글이기 때문이다. 모든 시인이 가슴 한구석에 품고 있는 자유정신이 결국 일체의 억압적 권력을 부정했던 아나키즘으로 귀결되는 것은 어쩌면 당연한 일이 아닐까?

강은교 외, 《민족시인 신동엽》, 소명출판사, 1999년

좌우익의 극렬한 대립이 해방 이후 지금까지 우리 사회를 양분하고 있다. 아무리 그것이 진보와 보수라는 이름으로 변주되었다고 할지라도. 이런 패거리 문화에서 권력에 저항했던 신동엽이 좌익이나 진보로 분류되는 것은 어쩌면 당연한 귀결일지도 모른다. 그래서 신동엽 시인에게는 서정주나 김춘수보다 어딘가 위험한 시인이라는 아우라가 덧붙여진 것일까? 명성에 비해 신동엽을 다루는 전문 연구서가 없는 것도 어쩌면 이 점을 웅변적으로 보여준다고 하겠다. 그렇지만 1999년, 마침내 우리는 신동엽에 관한 가장 포괄적인 연구서를 한 권 가지게 된다. 그것도 자그마치 700쪽이 넘는 대작이다. 우리 문단과 학계에서 날고 긴다는 글쟁이들이 모여 신동엽 시인의 삶과 시, 그리고 사상을 포괄적으로 다루며 그를 잊지 않았다는 것을 보여주고 있다.

클라스트르, 홍성흡(옮김), 《국가에 대항하는 사회-정치인류학 논고》, 이학사, 2005년
인류학의 영역에 정치인류학이라는 새로운 분과를 만든 사람이 바로 프랑스의 정치철학자 클라스트르이다. 젊었을 때 철학을 공부했지만, 그는 뒤에 레비스트로스와 알프레드 메트로의 영향으로 인류학을 공부하게 된다. 남아메리카 인디언 사회와 문화를 연구한 뒤, 그는 당시 유행하던 구조주의 인류학 및 마르크스주의 인류학과 구별되는 인류학적 통찰을 보여준다. 특히 중요한 것은 인디언 사회는 야만사회가 아닌 문명사회였으며, 오히려 야만사회는 우리가 살고 있는 국가사회라는 통찰이다. 이 책을 통해 우리는 국가나 권력이 야만의 상징이라는 사실, 그리고 국가나 권력은 인간의 힘으로 폐기될 수 있다는 사실을 배우게 된다. 20세기에 출간된 책 중 단연 으뜸으로, 정치를 숙고하려는 독자라면 결코 우회할 수 없는 중요한 책이다.

chapter 8

사랑이란 내밀한 세계

·

한용운과 바르트

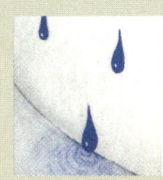

행복
한용운

나는 당신을 사랑하고 당신의 행복을 사랑합니다. 나는 온 세상 사람이 당신을 사랑하고 당신의 행복을 사랑하기를 바랍니다.
그러나 정말로 당신을 사랑하는 사람이 있다면 나는 그 사람을 미워하겠습니다. 그 사람을 미워하는 것은 당신을 사랑하는 마음의 한 부분입니다.
그러므로 그 사람을 미워하는 고통도 나에게는 행복입니다.

만일 온 세상 사람이 당신을 미워한다면 나는 그 사람을 얼마나 미워하겠습니까. 만일 온 세상 사람이 당신을 사랑하지도 않고 미워하지도 않는다면 그것은 나의 일생에 견딜 수 없는 불행입니다.
만일 온 세상 사람이 당신을 사랑하고자 하여 나를 미워한다면 나의 행복은 더 클 수가 없습니다.
그것은 모든 사람의 나를 미워하는 원한의 두만강이 깊을수록 나의 당신을 사랑하는 행복의 백두산이 높아지는 까닭입니다.

• 1 •

고요한 호수에 파문을 일으킨
한 송이 연꽃

　만해萬海 한용운韓龍雲, 1879~1944을 모르시는 분은 없을 겁니다. 암울했던 시절 그는 우리에게서 희망의 불씨가 꺼지지 않도록 노력했던 독립 운동가이자 불교 사상가입니다. 그렇지만 우리는 그를 시인으로 기억하고자 합니다. 당시는 일본 제국과 식민지 조선 사이에 수직적 억압 구조가 가장 노골적으로 관철되고 있었습니다. 그렇지만 조선이 식민지가 되기 전, 혹은 조선이 일본으로부터 독립한 뒤로는 그런 수직적 억압 구조가 사라진 걸까요? 단지 억압하는 자가 일본 사람이 아니라, 우리와 같은 말을 쓰는 사람들로 바뀌었던 것은 아닐까요? 사실 수직적 억압 구조는 '동일자identity'의 지배를 함축합니다. 동일자는 타자를 부정하고 배제했을 때에만 유지될 수 있는 법입니다. 일본 제국이 식민지 조선을 일본처럼 만들려고 하고, 혹은 부모가 자식들에게 자신의 가치를 주입하려는 것도 이런 이유에서일 겁니다.
　한용운은 제국과 식민지 사이의 억압 구조에서 동일자의 논리를 발견합니다. 그리고 마침내 그는 타자의 힘을 복원시킴으로써 동일자의 논리 자체를 붕괴시키려고 합니다. 그로서는 아마 당연한 수순이었을 겁니다. 이런 그의 고뇌가 응축되어 있는 것이 바로 《님의 침묵》이란 시집입니다. 님의 침묵을 견뎌내야 하는 애절한 사랑에서 한용운은 수직적 관계가 아니라 수평적인 관계를 직감합니다. '정든 유곽', 즉 가족 너머에서 사랑을 더듬어보았던 이성복 시인을 떠올리게 하는 대목이기도 합니다. 그렇지만 억압이 없는 수평적 관계를 정서적으로 호소하기 위해서 한용운이 연애시를 썼던 것은 아닙니다. 오히려 사정은 그 반대이지요. 만해라는 법명에 걸맞게 한용운의 마음은 치열한 자기 수양으로 원만하고 고요한 바다와 같았습니다. 그런데 이런 그의 마음을 단번에 뒤흔든 '연꽃 같은如蓮花' 여인이 있었습니다.

한용운의 나이 47세, 그러니까 내설악의 백담사와 오세암을 오고가며 지냈던 1925년은 그의 인생에서 가장 극적인 해로 기억되어야 합니다. 이때 그는 가장 강렬한 두 권의 책을 폭풍우처럼 완성하게 됩니다. 하나는 6월 7일에 탈고한 《십현담주해十玄談註解》이고, 다른 하나는 8월 29일에 탈고한 《님의 침묵》입니다. 《십현담주해》는 선불교의 종파인 조동종曹洞宗의 수행 안내서라고 할 수 있는 《십현담十玄談》을 주석한 책입니다. 그러니까 《십현담주해》를 쓰면서 한용운은 승려로서 최상의 안정과 평화를 이루었을 겁니다. 그렇지만 그 내막을 살펴보면 상황은 그렇게 단순하지만은 않았던 것 같습니다. 두 권의 책을 쓸 때, 한용운의 곁에는 서여연화徐如蓮花라는 여인이 있었기 때문입니다. 잊지 말아야 할 것은 한용운이 그 여인과 외설악에 있는 신흥사神興寺에서 한때 동거한 경험이 있었다는 점입니다.

  어쩌면 한용운이 외설악에서 내설악으로 옮겨온 이유도 여연화라는 여인 때문이 아니었을까요? 여연화가 자신을 승려가 아니라 자꾸 남성으로 만들어가고 있다는 불안감 때문이었는지도 모를 일입니다. 《십현담주해》는 한용운의 치열한 자기 노력의 결과물이라고 할 수 있습니다. 자신을 극진하게 여기는 여인으로부터 발생한 마음의 동요를 가라앉히려는, 그래서 모든 존재를 사랑하는 자비심을 회복하기 위한 발버둥이었던 셈입니다. 모든 것을 사랑하기 위해서는 특정한 누군가를 사랑해서는 안 됩니다. 그렇지만 한용운의 노력은 끝내 좌절을 겪고 맙니다. 마침내 그가 여연화로 인해 흔들리는 마음을 긍정해버리는 것도 이런 이유에서입니다. 그것이 바로 《님의 침묵》입니다. "타고 남은 재가 다시 기름이 되어 그칠 줄 모르고 타는/나의 가슴은 누구의 밤을 지키는 약한 등불입니까."〈알 수 없어요〉라는 시에 등장하는 구절입니다.

  그렇다고 해서 한용운이 승려로서 자신의 삶을 부정했다는 것은 아닙니다. 오히려 모든 사람을 사랑해야만 한다는 관념적 압박으로부터 벗어났다고 보아야 할 겁니다. 도스토예프스키도 말하지 않았던가요. "인류에 대한 사랑이란 말은 자기가 마음속에서 만들어낸 인류에 대한, 즉 자기 자신에 대한 사랑을 말하는 것"이라고 말이지요. 그렇습니다. 지금 내 주변에 있는 사람을 사랑하지 않는다면, 사실 누구도 사랑할 수 없는 법입니다. 유한자인 인간이 모든 사람을 만날 수는 없기 때문이지요. 마침내 한용운은 사랑의 의미에 한 걸음 더 나아가게 된 겁니다. 바로 그렇습니다. 고요한 호수라면 나뭇잎 하나 떨어져도 민감하게 반응할 수밖에 없습니다. 만약 한용운이 여연화를 향한 애정의 감정을 받아들이지 않았다면, 그의 마음은 고요한 호수가 아닌 싸늘한 북풍에 두껍게 얼어버린 호수였을지도 모릅니다. 연꽃잎은 고요한 호수에 파문을 남기지만, 얼어버린 호수 표면에는 어떤 파문도 만들 수 없을 테니까요.

· 2 ·

님의 침묵에서 사랑의 담론으로

《님의 침묵》을 통해 한용운은 여연화에 대한 자신의 사랑을 인정합니다. 그렇지만 한용운은 주변 사람들의 시선을 의식할 수밖에 없었습니다. 3·1운동을 주도했던 민족 지도자이자 불교 지도자였던 그는 사람들이 자신을 폄하하든 따르든 간에 자신의 마음을 이해할 리 없다는 것을 알았기 때문입니다. 《님의 침묵》을 탈고한 뒤 한용운이 '군더더기의 말', 즉 '군말'이란 서문을 붙인 것도 이런 이유에서일 겁니다.

> '님'만이 님이 아니라 기른 것은 다 님이다. 중생이 석가의 님이라면 철학은 칸트의 님이다. 장미화의 님이 봄비라면, 마시니의 님은 이태리다. 님은 내가 사랑할 뿐만 아니라 나를 사랑하나니라./연애가 자유라면 님도 자유일 것이다. 그러나 너희는 이름 좋은 자유에 알뜰한 구속을 받지 않느냐. 너에게도 님이 있느냐. 있다면 님이 아니라 너의 그림자니라.
>
> ―《님의 침묵》

"님만이 님이 아니다"라는 한용운의 말을 통해서 우리는 그의 님이 여연화라는 것을 직감하게 됩니다. 그렇지만 그는 자신의 사랑, 혹은 사랑하는 사람에 대한 그리움을 서둘러 확장해버립니다. 싯다르타 Gautama Siddhārtha, BC 563?~BC 483?의 사랑, 칸트의 사랑, 장미꽃의 사랑, 마치니Giuseppe Mazzini, 1805~1872의 사랑 등을 언급하며 말입니다. 물론 이것은 여연화와의 사랑을 통해 억압적 질서가 아닌 타자를 긍정하는 수평적 질서의 가능성을 읽었기 때문에 가능한 겁니다. 그렇기 때문에 우리는 "연애가 자유라면 님도 자유일 것이다"라는 말을 깊이 음미할 필요가 있습니다. 그의 속내를 이해하는 데 도움이 될 만한 프랑스 현대 철학자의 글을 하나 읽어보도록 하지요.

> 나는 이런 모순에 사로잡힌다. 나는 그 사람을 누구보다도 잘 알고 있고, 또 그에게 그 사실을 의기양양하게 시위한다("난 당신을 잘 알아요. 나만큼 당신을 잘 아는 사람도 없을 걸요!"). 그러면서도 나는 그 사람의 마음을 꿰뚫어볼 수도, 찾아낼 수도, 다룰 수도 없다는 명백한 사실에 부딪히게 된다. 나는 그 사람을 열어젖혀 그의 근원까지 거슬러 올라갈 수도, 수수께끼를 풀어헤칠 수도 없는 것이다. 그는 어디서 온 사람일까? 그는 누구일까? 나는 기진맥진해진다. 나는 그것을 결코 알지 못한다.
>
> — 《사랑의 단상Fragments d'un discours amoureux》

누군가를 사랑해본 사람이라면 어렵지 않게 공감이 가는 구절일 겁니다. "아! 사랑하면 할수록 그에 대해 모르겠다!" 물론 우리는 그에 대해 남이 아는 것만큼은 압니다. 직업이 무엇인지, 어떤 영화와 음악을 좋아하는지, 어떤 옷과 화장품을 즐겨 쓰는지 등등. 그렇지만 우리는 모릅니다. 왜 그가 그런 직업을 가졌는지, 왜 그런 영화와 음악을 좋아하는지, 그리고 왜 그런 옷과 화장품을 즐겨 쓰는지 알 수가 없습니다. 한마디로 말해 사랑에 빠진 우리는 궁금증에 애간장이 타들어갑니다. "그는 어디서 온 사람일까? 그는 누구일까?" 아무리 되묻고 그를 관찰해보아도 우리는 답을 찾을 수가 없습니다. 아니, 답은커녕 모르는 것들이 우후죽순 더 생길 뿐입니다. 이것은 우리가 고강도의 사랑에 빠져 있다는 증거입니다. "나는 그에 대해 아무것도 아는 것이 없다." 이로부터 우리는 사랑과 관련된 다른 교훈도 덤으로 얻을 수 있지요. "나는 그의 모든 것을 안다." 이런 생각이 든다면, 우리에게서 사랑이 이제 조금씩 사라져가고 있는 중일 겁니다.

방금 읽은 것은 독일의 벤야민Walter Benjamin, 1892~1940과 비교될 정도로 탁월했던 스타일리스트 바르트Roland Barthes, 1915~1980가 사랑이란 감정을 예리하게 분석한 아름다운 글입니다. 그는 구조주의, 후기구조주의, 기호학, 실존주의, 마르크시즘, 인류학 등등 손대지 않은 분야가 없을 정도로 현대 지성계를 풍미했던 탁월한 철학자입니다. 그의 저작들 중 《사랑의 단상》은 매우 중요한 책입니다. 사랑을 통해서 그는 현대 서양철학의 속앓이에 나름대로 합류하기 때문이지요. 그것은 바로 타자에 대한 감각입니다. 바르트가 탁월한 이유는 그가 사랑을 통해서 타자에 대한 감각에 접근해 들어가기 때문입니다. 그는 사랑에 빠질 때 우리가 고독에 이른다는 사실을 직감했던 철학자입니다. 우리가 누군가를 사랑해도 상대가 우리를 사랑하리라는 보장은 결코 없습니다. 그러니까 사랑은 불가피하게 고독에 대한 감각을 낳으며, 동시에 나와 다른 감정을 갖고 있는 타자의 타자성에 대한 감각을 불러일으키는 법이지요.

• 3 •

님과 나 사이의 격정적인 침묵

 이제 "연애가 자유라면 님도 자유"라는 한용운의 말이 이해되시나요? 누군가에 대한 나의 사랑은 외적인 원인 때문이 아니라, 나 자신으로부터 유래한 겁니다. 그러니까 "연애는 자유"라고 할 수 있지요. 문제는 님도 자유를 가지고 있다는 겁니다. 그렇지만 사랑에 빠진 나에게 님의 자유는 치명적인 데가 있습니다. 님의 자유에는 다행히 나를 사랑할 수도, 혹은 불행히 나를 사랑하지 않을 수 있는 자유도 포함되기 때문입니다. 결국 '님의 자유'는 타자란 나로 환원되지 않는 그만의 고유한 사유와 욕망을 가지고 있다는 것, 즉 타자의 타자성을 전제하는 표현이었던 셈입니다. 그래서 사랑은 종교적 행위와 유사할 수 있는 겁니다. 한용운의 님에서 절대자나 초월자를 찾는 독해가 가능했던 것도 이런 이유에서이지요. 바르트도 사랑이 가진 종교성을 놓치지 않습니다. 그의 이야기를 다시 하나 들어볼까요.

알 수 없는 대상 때문에 자신을 소모하고 동분서주하는 것은 순전히 종교적인 행위이다. 그 사람을 하나의 해결할 수 없는 수수께끼로 만든다는 것—거기에 내 일생이 걸려 있는— 곧 그를 신dieu으로 받드는 것이나 다름없다. 나는 그가 던진 질문을 결코 풀어헤칠 수가 없다. 사랑하는 사람은 오이디푸스가 아니다. 따라서 내게 남는 일이라곤 내 무지를 진실로 바꾸는 일뿐이다. 사랑하면 할수록 더 잘 이해하게 된다는 말은 사실이 아니다. 사랑의 행위를 통해 내가 체득하게 되는 지혜는, 그 사람은 알 수 있는 사람이 아니라는 것, 그러나 그의 불투명함은 어떤 비밀의 장막이 아닌 외관과 실체의 유희가 파기되는 명백함이라는 것이다. 그리하여 나는 미지의 누군가를, 그리고 영원히 그렇게 남아 있을 누군가를 열광적으로 사랑하게 된다. 신비주의자의 움직임; 나는 알 수 없는 것의 앎에 도달한다.

— 《사랑의 단상》

  사랑의 신비는 다음과 같은 말로 요약됩니다. "누군가를 사랑하면 그를 알고자 하는 욕망이 든다." 어쩌면 사랑은 알고자 하는 욕망인지도 모릅니다. 그러나 누군가를 안다는 것이 우리가 그 사람을 사랑하고 있다는 사실을 말해주지는 않는 법입니다. 알려는 욕망과 안다는 사실 사이에는 이렇게 커다란 간극이 있지요. 그렇기 때문에 사랑이 지속되기를 원한다면, 우리의 알려는 욕망이 결코 충족되어서는 안 됩니다. 오직 그럴 때에만 "자신을 소모하고 동분서주하는" 사랑의 열정을 품을 수 있기 때문입니다. 키에르케고르Søren Kierkegaard, 1813~1855

가 말했던 것처럼, 사랑이 '목숨을 건 비약salto mortale'인 이유도 바로 여기에 있습니다. 그래서 사랑은 절대자에게 바치는 기도와도 같은 것이지요. "저는 기도합니다. 당신이 제 보잘것없는 기도를 받아들여줄지는 모르겠습니다. 받아들여주지 않아도 당신을 원망하지 않겠습니다. 모든 것을 당신 뜻대로 하세요. 단지 저는 기도할 수 있는 당신이 있다는 것만으로도 충분히 행복하기 때문입니다."

사랑은 타자를 신과 같은 절대자로 만들어버립니다. 그가 나를 나만큼 사랑해주기를 강제할 수 없고, 단지 바라는 것 이외에 다른 방도가 없기 때문입니다. 이것은 사랑에 빠진 우리가 사랑하는 바로 그 사람의 자유를 절대적으로 긍정하고 있다는 사실을 말해줍니다. 그렇지만 이런 상태는 우리를 불안하게 합니다. 기도의 이면에 사실 내 기도를 들어주었으면 하는 숨은 욕망이 있는 것처럼, 내 사랑도 그에 걸맞은 대가를 무의식적으로 원하고 있기 때문이지요. 사실 누군가를 사랑한다는 것은 그로부터 사랑받으려는 욕망 아닌가요? 그래서 바르트는 사랑에 빠진 사람의 내면을 다음과 같이 서럽고 아프게 묘사하고 있는지도 모릅니다.

떠나는 것은 그 사람이며, 남아 있는 것은 나 자신이다. 그 사람은 끊임없는 출발, 여행의 상태에 있다. 그의 천직은 철새, 사라지는 자이다. 그런데 사랑하고 있는 나, 나의 천직은 반대로 칩거하는 자, 움직이지 않는 자, 그 사람의 처분만을 기다리며 자리에서 꼼짝 않는, 마치 역 구석에 내팽개쳐진 수화물같이 '유보된' 자이다. 사랑의 부재는 일방통행이다. 그것은 남아 있는 사람으로부터 말해질 수 있는 것이지, 떠나는 사람으로부터 말해질 수 있는 것이 아니다. 항상 현존하는 나는 끊임없이 부재하는 너 앞에서만 성립된다. 그러므로 부재를 말한다는 것은 곧 주체의 자리와 타자의 자리가 교환될 수 없음을 단번에 상정하는 것이다. 다시 말하면 "사랑하는 것만큼 사랑받지 못한다는 것을."

— 《사랑의 단상》

나는 나로서 항상 있습니다. 그렇지만 타자는 가끔, 혹은 자주 내 곁을 떠나갑니다. 이럴 때 우리는 무거운 쇳덩어리가 심연으로 가라앉는 것처럼 내면으로 침잠하게 됩니다. 이렇게 나를 버려두고 떠나는 철새와 같은 사람을 사랑하는 것이 영 불행하게 느껴지기 때문이지요. 마침내 치명적인 사랑의 고독이 찾아오는 겁니다. 더군다나 타자의 부재, 혹은 사랑의 부재는 순간적이나마 그가 나를 떠날 수 있는 자유가 있다는 냉혹한 사실을 가르쳐주고 있습니다. 이것은 그가 나 이외에 다른 사람을 사랑하고, 그 사람으로부터 사랑받을 수 있다는 가능성을 열어놓습니다. 그러니 "역 구석에 내팽개쳐진 수화물"과 같다는 느낌이 드는 겁니다. 물론 그가 나의 곁에 와 있다고 하더라도 이런 느낌은 완전히 해소될 수 없지요. 매혹적인 입맞춤도 반드시 끝이 나게 마련이니까 말입니다.

이제 〈행복〉이란 시에서 여연화에 대한 한용운의 이율배반적 속내가 공감이 되시나요? 그렇다면 여러분은 사랑의 비밀에 한 걸음 더 가까이 다가간 셈입니다. "나는 당신을 사랑하고 당신의 행복을 사랑합니다. 나는 온 세상 사람이 당신을 사랑하고 당신의 행복을 사랑하기를 바랍니다./그러나 정말로 당신을 사랑하는 사람이 있다면 나는 그 사람을 미워하겠습니다. 그 사람을 미워하는 것은 당신을 사랑하는 마음의 한 부분입니다." 사람은 사랑받을 때 행복을 느낍니다. 당연히 여연화도 모든 사람의 사랑을 받을 때 큰 행복을 느꼈을 겁니다. 승려로서 한용운 자신의 한계가 드러나는 부분이기도 합니다. 나와 있으면 그녀가 불행해지리라는 걱정도 보이고요. 그렇지만 내가 아닌 다른 사람으로 인해 행복해지는 모습을 사랑에 빠진 사람이 어떻게 보고만 있겠습니까? 여연화는 나만의 님이기 때문입니다. 그렇지만 한용운은 그녀에게 침묵할 수밖에 없었습니다. 물론 여연화도 마찬가지이고요. 그래서 '님의 침묵'은 님에 대한 나의 침묵인 동시에 나에 대한 님의 침묵인 겁니다. 이런 침묵의 상태보다 더 애달픈 사랑의 절규가 또 있을까요? 혹은 사랑이 가장 순수한 열정과 격정으로 그 극한에 이르는 상태가 있을까요?

더 읽어볼 책들

한용운, 김용직(주석), 《원본 한용운 시집-〈님의 침묵〉 원본 및 주석본》, 깊은샘, 2009년

《님의 침묵》 초간본의 아련한 흔적을 맛보려는 독자라면 소장할 만한 가치가 있는 책이다. 물론 낯선 표현들은 꼼꼼한 주석자 김용직이 세련되게 풀었으니 독자들은 지레 겁먹을 필요가 없다. 《님의 침묵》은 분명 연애시의 형식을 취하고 있다. 연애란 무엇인가? 그것은 항상 헤어질 수 있는 남녀 사이의 애절한 사랑 노래가 아닌가. 여기서 내 뜻대로 되지 않는 타자, 혹은 타자의 타자성이 가장 강렬히 부각되게 마련이다. 서양과는 달리 우리 내면에서 타자가 어떻게 느껴졌고 어떻게 사유되었는지를 이해하고 싶은 사람이라면, 《님의 침묵》은 가장 기본적인 텍스트에 해당할 것이다. 참고로 한용운의 불교사상서 《십현담주해》도 《님의 침묵》을 새롭게 독해하는 데 많은 도움이 될 것이다.

고은, 《한용운 평전》, 향연, 2004년

고은의 책을 읽다 보면 이 책이 한용운에 대한 평전인지, 아니면 한용운의 삶을 소재로 한 고은 자신의 자서전인지 아리송할 때가 있다. 그만큼 고은은 여러모로 한용운을 닮았다. 고은이 한때 출가한 승려였다는 점도 그렇고, 자유를 위해 싸운 투사였다는 점도 그렇고, 뭐니 뭐니 해도 최고의 연애 본능(?)을 가진 점도 그렇다. 고은은 《한용운 평전》에서 한용운의 님이 서여연화라는 보살이라고 단언한다. 물론 그럴 리 없다고 강변하는 평전도 있다. 근현대의 인물 평전을 연달아 내고 있는 김삼웅의 《만해 한용운 평전》(시대의 창, 2011년)이 그것이다. 그렇지만 한용운의 님이 구체적인 여성이라는 것이 과연 독립투사 한용운을 폄하하는 것인지 아직도 아리송하다. 조국과 종교에 대한 사랑보다 더 보편적인 것이 바로 이성에 대한 사랑이 아닐까?

바르트, 김희영(옮김), 《사랑의 단상》, 동문선, 2004년

인문학 책을 보는 사람들이라면 대충 알겠지만, 동문선에서 펴내는 프랑스 인문학서들 중 쉽게 읽히는 책은 매우 드물다. 원서가 난해한 탓도 있지만 너무나 급하게, 때로는 비전문가가 번역한 경우도 많기 때문일 것이다. 하지만 이 책은 예외다. 단연코 동문선에서 출간한 프랑스 인문학서들 중 최고의 가독성을 자랑하는 책이다. 더군다나 바르트처럼 박학다식을 자랑하는 사람의 책을 이 정도로 유창하게 번역했다는 사실만으로 번역자의 우리말 감수성을 미루어 짐작할 수 있다. 어쩌면 번역자도 바르트만큼이나 진한 사랑을 경험한 것은 아닐까? 고통의 깊이만큼 타인의 고통도 이해하는 법이니까. 바르트가 얼마나 섬세하고 민감한 사람인지를 이 책만큼 잘 보여주는 것도 없을 것이다. 바르트의 매혹적인 타자론이 빛나는 별처럼 눈에 들어올 것이다.

chapter 9

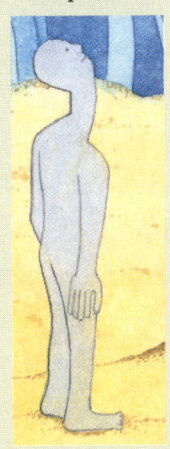

역사 앞에서
부끄럽지 않는 방법

· 김정환과 마르크스

스텐카라친

김정환

그것은 먼 나라보다 가까운 젊은 날의
방황, 다만 속절없이 거대하게
출렁거리는 무엇이 거대하게
무너지고 그곳에 우리의 길이
세상보다 더 거대하게 열리는가
앞으로 우리들의 생애가
창백하고 친근한 동안 그것은
뒤돌아보지 않은 수천만 명이
피를 흘리던 시간의, 젊은 날의 영화
다만 거대하게
탕진되는 무엇이 거대하게 무너지고
그곳에 끔찍하지 않은 세상이
둥지를 틀고 잠을 잘 것인가 보라
역사를 강물로 비유하는 것은 옳지 않았다 세월도
보라 옳은 것은, 사실 옳았던 것이다.

남은 것은 역사 속에

남은 자의 몫일 뿐이다

남은 자의 기억은 옳지 않았다

피비린 기억보다는 더 많은 것이 이룩되었다.

• 1 •

역사는 흐르는 강물이 아니다

  2010년 9월, 《유년의 시놉시스》라는 500쪽에 달하는 거대한 시집이 서점의 서가에 조용히 꽂히며, 대륙과 대양을 건너 거대한 폭풍을 몰고 올 수 있는 나비의 작은 날갯짓을 예감하게 합니다. "프롤로그, 性의 단절과 에필로그, 미래의 회복"이라는 부제가 붙어 있는 시집을 낸 시인은 바로 김정환金正煥 1954~ 입니다. 1960년대가 김수영과 신동엽 시인의 시대였다면, 1980년대 이후 지금까지 우리 시단의 본류는 황지우, 이성복, 그리고 김정환 시인이라고 해야 할 겁니다. 세 시인 중 이성복 시인이 가장 여성적이라면, 김정환 시인은 가장 남성적이라고 할 수 있습니다. 황지우 시인은 그 중간에 위치하고요. 여기서 여성성과 남성성은 내향성과 외향성의 의미 정도로 이해하면 좋을 것 같네요. 시란 부드러운 서정과 예민한 감수성을 특징으로 하고 있다고 믿는 경향이 지배적인 우리 독서계에서 아무래도 불이익을 많이 볼 수밖에 없는 것이 김정환 시인의 운명일지도 모를 일입니다.

1982년 《지울 수 없는 노래》에서부터 1992년 《희망의 나이》에 이르기까지 시인은 내면에 갇히기를 거부합니다. 오히려 그는 당당하게 바깥으로부터 오는 구조적 충격을 있는 그대로 직면하며, 그로부터 발생하는 상처를 정직하게 노래하는 데 모든 노력을 경주합니다. 《희망의 나이》라는 시를 마무리하며 쓴 후기는 시인의 이런 속내를 가장 잘 보여줍니다. "사회성과 서정성 사이의 거리를 좁히는 것, 정확히 말해 그것이 나의 관심사는 아니다. 내게 시의 문제는 사회적 서정의 수준을 높이는 문제이다." 사회적 서정을 외면하거나 축소하여 깨알 같은 서정을 추구하는 경향이 지배적인 우리 젊은 시인들에게 경종이 될 만한 구절입니다. 이와 동시에 이 구절을 통해 우리는 시인이 김수영의 영혼 중 일부를 호흡했다는 것을 알게 됩니다. 민주주의와 독재, 그리고 자유정신에 대한 김수영의 감각을 기억해보세요. 이런 김정환 시인이 인간의 자유를 위해 자본주의를 극복해야 한다고 보았던 것도 어쩌면 당연한 귀결일지 모릅니다.

역사라는 기차는 억압받는 자가 승리하는 방향으로 질주할 것이라고 시인은 확신했습니다. 시집 《기차에 대하여》를 마치면서 시인이 장밋빛 미래를 노래했던 것도 이런 이유에서일 겁니다. "그날, 낮과 밤은 노동자 계급으로 찬란하고/마지막 남은 어둠 속에서/명멸하는 것은 모두 의로운 죽음이나니." 그렇지만 상황은 시인이 예측했던, 아니 당시 거의 모든 진보 지성인들이 낙관했던 것과는 다른 방향으로 전개됩니다. 1991년 이후 소비에트연방, 즉 소련이 와해되면서 동구권 전체가 점차 몰락했기 때문입니다. 이것은 자본주의를 넘어섰다고 자부하던 사회주의 체제가 자본주의에 백기 투항했다는 것을 의미하는 사건이었습니다. 이제 자본주의가 세계를 완전히 지배하는 절대적인 종교로 군림하게 된 겁니다. 보수적인 지성계는 당연히 자본주의가 가장 완성된 체제라고 떠벌리게 되었고, 진보적 지성계에도 인간의 자유란 결코 달성될 수 없다는 비관주의자들, 혹은 다른 대안을 찾으려고 이곳저곳 두리번거리는 사람들이 한두 명씩 늘어나게 됩니다.

진보 시인으로 유명했던 김정환 시인도 당혹스러웠긴 마찬가지였나 봅니다. 질주하는 기차처럼 누구도 거스를 수 없는 역사의 법칙에 따라 자본주의는 가까운 시기에 극복될 것이라고 확신했기 때문입니다. 물론 그는 직업 혁명가가 아니라 인간의 자유를 노래하는 시인이었습니다. 그렇기 때문에 그에게 자신의 발전을 위해 인간을 수단으로 만드는 자본주의는 엄연한 악일 수밖에 없었습니다. 그런데 자본주의를 넘어서려고 노력했던 사회주의 체제가 붕괴했으니, 이것은 역사의 시침이 거꾸로 돌아가는 형국에 다름 아닐 겁니다. 그래서 김정환 시인의 고뇌는 더 깊을 수밖에 없었을 겁니다.

1996년 《순금의 기억》이란 시집 말미에 실려 있는 글을 통해 시인은 자신이 무엇 때문에 속앓이를 하게 되었는지를 토로합니다. "20세기의 역사. 나와 나의 전생이 겪은 20세기사. 도대체 뭐가 잘못된 거지? 그런 질문을 던져보고자 했다. 그런데 그 질문과 대답 사이에 시적으로 열려 있는 창, 창들이 보인다. 그 너머로 가는, 질문과 대답의 틀을 넘어서는 어떤 것 혹은 곳으로 가는 통로, 통로들이 언뜻언뜻하다. 그것들을 육화, 시키고 싶다"라고 말입니다.

역사의 진보에 대한 믿음, 즉 억압받는 자가 억압으로부터 풀려날 것이라는 확신이 현실적으로 동요하자, 시인은 역사에 대해 숙고하기 시작합니다. "도대체 뭐가 잘못된 거지?" 이렇게 역사를 숙고하는 과정에서 시인의 감수성은 더 넓은 지평으로 열리게 됩니다. 그 결과가 바로 《드러남과 드러냄》, 《거룩한 줄넘기》 그리고 《유년의 시놉시스》로 완성되는 3부작 시집들입니다. 그렇다고 시인이 사회적 감수성과 역사적 감수성을 포기했다고 오해해서는 안 됩니다. 시인은 생명과 존재라는 더 너른 지평에서 사회와 역사를 보고 있기 때문입니다. 3부작 시집에서 보이는 시인의 태도는 여러모로 벤야민Walter Benjamin, 1892~1940을 연상시킵니다. 벤야민도 김정환 시인과 마찬가지로 과거에서 구원과 희망의 실마리를 찾으려고 했기 때문입니다. 단추를 잘못 채운 것을 알고도 억지로 계속 채워가는 것은 미련한 일입니다. 잘못 채운 단추를 풀어서 새로 채우는 것이 느린 것처럼 보이지만 가장 빠른 길일 수 있기 때문이지요.

흥미로운 것은 3부작 시집을 완성하기 이전에 이미 시인이 과거에서 희망을 찾으려는 무의식적 노력을 보여주었다는 점입니다. 1993년에 출간된 시집 《하나의 2인무와 세 개의 1인무》에 등장하는 〈스텐카 라친〉이란 시가 바로 그 증거입니다. 스텐카 라친Stenka Razin; Стенька Разин, 1630~1671은 러시아 차르tsar 체제에서 억압받는 농민들을 해방시키려고 했던 전설적인 혁명가입니다. 혁명가를 추억하면서 김정환은 노래합니다. "역사를 강물로 비유하는 것은 옳지 않았다 세월도/보라 옳은 것은, 사실 옳았던 것이다." 역사를 강물에 비유하는 것은 역사를 기차에 비유하는 것과 같습니다. 그러니까 지금 시인은 역사가 어찌 되었든 진보한다는 낙관적 역사관을 부정하고 있는 셈입니다. 비록 그렇다고 할지라도, 그가 허무주의나 회의주의에 빠진 것은 아닙니다. "옳은 것은 옳은 것일 수밖에 없기 때문"이라고 확신하기 때문이지요. 진보적 역사관을 부정했을 때, 시인은 옳은 것이 옳은 것으로 실현될 수 있는 힘을 역사에서가 아니라 인간의 실천에서 찾을 수밖에 없었습니다. "남은 자의 몫"을 이야기할 때, 김정환 시인이 생각했던 것도 바로 이겁니다. 옳은 것을 옳은 것으로 관철시킬 수 있는 유일한 희망은 바로 남은 자로서 살아가고 있는 우리 자신일 수밖에 없기 때문입니다.

• 2 •

대상적 활동이 없다면 역사도 없다

사실 진보에 대한 관념은 최근에 생긴 겁니다. 18세기 후반 이후 본격적인 산업자본주의 시대에 접어들면서, 인간은 드디어 과거에서 미래로 한 방향으로만 흐르는 시간관념을 갖게 되지요. 산업자본은 새로운 제품으로 소비자를 유혹해서 기존의 낡은 제품을 버리도록 만들어야 살아갈 수 있는 메커니즘을 가지고 있습니다. 이처럼 낡은 제품이 새로운 제품으로 바뀌는 자본주의적 현상이 과거가 물러나고 새로운 현재가 펼쳐진다는 시간관념을 가능하게 했던 겁니다. 이와 달리 산업자본주의 이전 인간의 시간관념은 기본적으로 무한히 반복되는 원환에 비유할 수 있을 겁니다. 할아버지의 삶을 아버지가 반복할 것이고, 아버지의 삶을 내가 반복할 것이며, 내 아이도 내 삶을 반복할 것이라는 확신인 셈이지요. 어쨌든 직선이든 나선형이든 역사가 과거로부터 현재를 거쳐 미래로 흐르는 직선과도 같다는 생각은 아주 최근에 생긴 관념이라는 것을 잊지 마세요.

역사가 진보한다는 관념에 결정적인 철학적 의미를 부여했던 철학자가 헤겔Georg Wilhelm Friedrich Hegel, 1770~1831입니다. 역사 속에서 전개되는 인간의 사유나 문명은 모두 '세계정신weltgeist'이 자신을 실현하려는 과정이라고 그는 설명합니다. 역사 속에서 개개인들은 단지 '세계정신'이 조종하는 꼭두각시처럼 사유되는 것도 이런 이유에서입니다. 그래서 헤겔의 사유에서 인간은 어떤 능동적인 역할을 할 수 없는 존재, 즉 역사의 지배를 받는 존재로 폄하되는 겁니다. 불행한 것은 스탈린이 정식화한 역사적 유물론historical materialism도 인간의 능동성을 빼앗기는 마찬가지였다는 겁니다. 단지 '세계정신'이 생산력과 생산관계, 즉 '경제적인 힘'으로 바뀌었을 뿐이기 때문입니다. 인간의 삶을 경제적인 힘이 조종한다는 역사적 유물론은 바로 속류 마르크스주의를 가능하게 했던 발상이었습니다. 그렇지만 이것은 과연 마르크스Karl Marx, 1818~1883의 속내를 제대로 반영한 생각이었을까요?

> 포이어바흐는 종교적 자기 소외, 즉 세계가 종교적 세계와 현실적 세계로 이중화되어 있다는 사실로부터 출발한다. 그의 작업은 종교적 세계를 그 세속적 토대로 용해하는 데 있다. 그러나 그는 이 작업을 마친 후에도 중요한 일이 남아 있다는 사실을 간과하고 있다. (……) 세속적 토대 자체는 모순된 것으로 이해되어야만 하며, 동시에 실천적으로 변혁되어야만 한다. (……) 포이어바흐는 사유 대상들과는 현실적으로 분리된 물질적 대상들을 원했지만 인간의 활동 자체를 대상적 활동gegenständliche tätigkeit;

objective activity으로 생각하지 않는다.

― 《포이어바흐에 관한 테제들Thesen über Feuerbach》

　포이어바흐Ludwig Andreas von Feuerbach, 1804~1872는 세계정신이 인간 개개인의 정신을 지배한다는 헤겔의 논의를 비판했던 철학자입니다. 구체적으로 말해 그는 인간 개개인의 정신이 먼저이고, 세계정신이니 신이니 혹은 본질이니 하는 것들은 모두 정신의 산물에 지나지 않는다고 주장합니다. 옳은 말입니다. 인간이 없다면, 인간에게 사유 능력이 없다면, 세계정신이나 본질과도 같은 것들은 있을 수도 없을 테니까 말입니다. 포이어바흐에 이르러 헤겔의 생각은 그야말로 완전히 뒤집어지게 된 것이지요. 당연히 세계정신이니 신과 같은 것들은 인간이 마음을 어떻게 먹느냐에 따라 쉽게 버려도 좋은 것이 됩니다. 사실 니체Friedrich Wilhelm Nietzsche, 1844~1900의 유명한 "신은 죽었다Gott ist tot"라는 말도 포이어바흐가 없었다면 나오기 힘들었을 겁니다.

　사실 이 정도로도 포이어바흐는 훌륭한 철학자라고 할 수 있습니다. 그렇지만 마르크스에 따르면 우리는 포이어바흐의 통찰로부터 한 걸음 더 나아가야 합니다. 삶이 너무 팍팍해서 현세가 아닌 내세에서의 행복을 믿는 사람이 있다고 해보세요. 과연 그에게 하나님과 천국의 행복을 포기하라고 할 수 있을까요? 아마 마르크스의 눈에는 포이어바흐가 세상 물정 모르는 부유한 집 도련님처럼 보였을 겁니다. 결국 마르크스는 현세가 힘들면 내세의 행복을 꿈꾼다는 포이어바흐의 통찰을 받아들이지만, 내세에 대한 꿈을 쿨하게 버릴 수 있다는 포이어바흐의 생각은 수용하지 않습니다. 내세에 대한 꿈을 제거하려면, 현실의 팍팍한 삶을 개선하면 된다고 생각했기 때문이지요. 물론 그러기 위해서 인간은 현실에 적응하는 수동적 존재일 뿐만 아니라, 동시에 현실을 개조하는 능동적 존재여야만 합니다.

마르크스가 인간의 활동을 대상적 활동이라고 규정했던 것도 이런 이유에서입니다. '내 앞에ob' '던져진ject' 대상적 현실에 맞서 능동적으로 개입하는 것이 바로 '대상적 활동'이기 때문입니다. 그러니까 대상적 활동은 대상의 압력에 굴복해서 그것이 움직이는 방향으로 수동적으로 적응하는 것이 아니라, 대상의 압력에 저항하며 대상이 움직이려는 방향을 거스르는 능동적인 작용이라고 정의할 수 있습니다. 불행히도 대다수 사람들은 현실이 인간의 활동을 통해 변할 수 있다는 것, 즉 인간에게 역사가 가능하다는 사실을 실감하지 못하고 있습니다. 그냥 현실에 순응하는 데 만족하고 있기 때문이지요. 이것은 혼자 힘으로 세상을 바꿀 수 없다는 체념인지도 모릅니다. 이런 사람들은 무기력하게 풀이 죽어 있는 삶을 영위하게 됩니다. 그들은 자신의 능동성, 즉 '활동'을 부정하고 대상적 현실에 적응하는 수동성만을 따르고 있기 때문이지요.

• 3 •

그럼에도 희망을 가져야 하는 인간의 숙명

대상적 활동과 관련해서 심각한 난점이 하나 있습니다. 대상의 압력에 맞서서 자유를 관철시키려고 할 때, 우리는 자신의 삶이 어떤 방향으로 전개될지 미리 확정할 수 없다는 겁니다. 예를 들어 급류에 빠진 등산객을 생각해보세요. 급류 속에서 그는 언뜻 강 언저리에 바위가 있다는 것을 발견하고, 그쪽으로 가기 위해 물살을 가로질러 나가려고 합니다. 그러나 과연 그의 시도는 성공할 수 있을까요? 어떻게 하면 그곳에 닿을 수 있을지 정밀하게 계산했다고 할지라도, 그리로 가는 과정에는 전혀 예상하지 못한 변수들이 나타날 수 있습니다. 물살이 의외로 빠른 곳도 있고, 체력이 너무 빨리 고갈될 수도 있을 겁니다.

잊지 말아야 할 것이 하나 있습니다. 만약 강 언저리의 바위 쪽으로 가려는 마음이 들지 않는다면, 우리는 결코 급류에서 벗어나려는 활동을 할 수 없다는 사실을 말이지요. 마르크스가 속류 마르크스주의자와 다른 점은 바로 이 대목입니다. 그는 인간의 이성과 결단, 혹은 이상을 부정했던 적이 없었기 때문입니다. 오히려 미래에 대해 이런 이상을 품는다는 것 자체가 현실에서 벗어나려는 의지와 동시적인 사태라고 할 수 있지요. 어쨌든 인간의 '대상적 활동'이 함축하는 불확실성 때문에 역사는 항상 인간의 뜻대로 전개될 수는 없습니다. 이제 마르크스의 이야기를 직접 들어보도록 하지요.

> 인간은 자신의 역사를 만들어가지만, 자신이 바라는 꼭 그대로 만드는 것은 아니다. 인간은 스스로 선택한 환경 속에서가 아니라 이미 존재하는, 주어진, 물려받은 환경 속에서 역사를 만들어가는 것이다. 모든 죽은 세대들의 전통은 악몽과도 같이 살아 있는 사람들의 머리를 짓누른다.
>
> ─ 《루이 보나파르트의 브뤼메르 18일Der 18te Brumaire des Louis Napoleon》

헤겔처럼 세계정신이 역사를 끌고 가는 것도 아니고, 스탈린이 이야기한 것처럼 생산력이 역사를 끌고 가는 것도 아닙니다. 오직 인간만이 자신의 역사를 만들어갑니다. 마르크스의 영민함은 "인간은 자신의 역사를 만들어가지만, 자신이 바라는 꼭 그대로 만드는 것은 아니다"라는 주장에서 드러납니다. 그렇기 때문에 인간은 간혹 '대상적 활동'이 가진 능동성을 포기하려는 유혹에 노출되곤 합니다. 뜻대로 안 된다면, 주어진 상황을 능동적으로 극복하기 위해 노력할 필요가 없다고 절망할 수 있기 때문이지요. "모든 죽은 세대들의 전통은 악몽과도 같이 살아 있는 사람들의 머리를 짓누른다"라고 마르크스가 말했던 것도 이런 이유에서입니다. 스파르타쿠스Spartacus, ?~BC 71, 스텐카 라친, 도척盜跖, 전봉준全琫準, 1855~1895도 모두 실패했습니다. 억압이 없는 자유로운 삶은 끝내 불가능한 걸까요? 그렇지만 잊어서는 안 됩니다. 인간에게 저항을 극복하려는 자유정신이 없다면 사실 우리는 아무것도 아닌 존재입니다. 비록 뜻하는 방향으로 삶을 이끌 수 없다고 할지라도 최선을 다해 분투하는 것, 이것이야말로 대상적 활동의 주체로서 인간의 숙명이기 때문이지요.

좋은 결과를 기대할 수 없다고 하더라도, 노력해야만 한다는 사실을 저주로 받아들이지는 마세요. 이런 노력이 전혀 무의미한 것만은 아니기 때문입니다. 그래서 김정환 시인도 〈스텐카라친〉이란 시에서 이야기합니다. "남은 자의 기억은 옳지 않았다/피비린 기억보다는 더 많은 것이 이룩되었다." 승자들은 자유를 위한 인간의 투쟁이 실패했다는 기억을 우리에게 각인시키려고 합니다. 그렇지만 우리는 알아야만 합니다. 역사에 패자로 기록되어 있다고 할지라도, 그들은 우리에게 더 좋은 조건을 남겨놓고 떠났다는 것을 말입니다. 결국 피비린내 진동하는 실패의 기억보다 더 많은 것이 이루어졌다는 사실을 잊지 말아야 합니다. 우리에게는 숙제가 남았습니다. "남은 것은 역사 속에/남은 자의 몫일 뿐"이라고 시인이 말했던 것처럼, 이제 우리는 자신이 어떤 '대상적 조건', 혹은 '구조적 압력'에 직면했는지 직시해야만 합니다. 그리고 압력에 저항하고 그것을 극복할 수 있는 상상력과 그에 입각한 활동을 개시할 수 있어야만 합니다.

더 읽어볼 책들

김정환, 《유년의 시놉시스-프롤로그, 性의 단절과 에필로그, 미래의 회복》, 삼인, 2010년
《하나의 2인무와 세 개의 1인무》라는 시집 대신 《유년의 시놉시스》를 소개하는 것은 이 시집이 가진 중요성 때문이다. 미래를 낙관하면서 현실의 어두움을 노래했던 시인은 당연히 과거로 거슬러 올라가기를 거부할 것이다. 과거는 현재보다 더 음습할 테니까 말이다. 그러던 김정환 시인이 마침내 과거로 거슬러 가기를 주저하지 않는다. 이것은 그가 시인으로서 두 번째 삶을 영위하고 있다는 것을 말해준다. 과거에 구원의 희망이 있다는 통찰은 발터 벤야민의 생각과 공명한다. 500쪽에 가까운 분량이 만만치 않지만, 얼마 지나지 않아 새로운 '사회적 서정성'의 전범으로 자리 잡을 시집임이 분명하다.

마르크스 · 엥겔스, 박재희(옮김), 《독일 이데올로기 I 》, 청년사, 2007년
헤겔로 대표되는 독일 철학은 정교하고 복잡하지만 체계적인 사변철학을 전개했다. 마르크스 당시 헤겔의 사상은 청년 헤겔파라는 진보적인 학파와 노장 헤겔파라는 보수적인 학파로 양분되어, 서로가 자신들의 입장이 헤겔의 진의라고 주장했다. 그렇지만 마르크스의 눈에는 이들의 논쟁이 낙후된 독일 정세와는 무관한 것으로 보였다. 특히 마르크스는 청년 헤겔파의 사상이 진보적인 것처럼 보이지만, 기본적으로 새롭게 부각된 계급, 즉 부르주아의 정치경제학적 입장을 토대로 해서만 유지될 수 있다는 것에 주목했다. 그의 진단이 옳다면 청년 헤겔파의 입장을 추종하는 노동자들은 잘못된 선택을 한 셈이 된다. 이 책은 독일 철학의 전통을 정치경제학적 시선에서, 그리고 역사학적 시선에서 검토하고 있는 마르크스의 주저들 중 하나이다. 당시 독일의 정세와 지적 분위기가 우리 사회와도 비교 가능하기 때문에, 우리에게 유효한 전망을 보여줄 것이다.

벤야민, 최성만(옮김), 《역사의 개념에 대하여/폭력비판을 위하여/초현실주의 외》, 길, 2008년

벤야민의 저술 중 철학적으로 가장 번뜩이는 논문들을 수록하고 있다. 벤야민을 단순한 문화비평가 정도로 알고 있는 독자들의 눈을 휘둥그레 만들기에 충분한 논문들이다. 특히 현대 정치철학적 사유의 동력으로 작동하고 있는 〈폭력비판을 위하여〉도 중요하지만, 벤야민 철학의 가능성을 여실히 보여주는 〈역사의 개념에 대하여〉는 숙독하지 않으면 안 될 가치를 지니고 있다. 흔히 〈역사철학 테제〉라는 이름으로 더 잘 알려진 이 짧은 논문을 통해 벤야민은 역사가 단순히 과거의 기록이 아니라, 미래의 희망이기도 하다고 이야기한다. 이 논문집에는 〈역사의 개념에 대하여〉를 이해하는 데 많은 도움이 되는 벤야민의 역사철학 관련 노트들이 함께 수록되어 있다.

chapter 10

너무도 풍요로운
감각의 세계

·

백석과 나카무라 유지로

통영統營
백석

옛날에 통제사가 있었다는 낡은 항구의 처녀들에겐
아직 옛날이 가지 않은 천희千姬라는 이름이 많다
미역오리같이 말라서 굴껍지처럼 말없이 사랑하다 죽는다는
이 천희의 하나를 나는 어느 오랜 객주집의 생선 가시가 있는 마루방에서 만났다
저문 유월의 바닷가에선 조개도 울 저녁 소라방등이 불그레한 마당에 김냄새
나는 비가 나렸다

· 1 ·

란과 자야, 그리고 나타샤

1939년 늦가을, 스물여덟 살의 젊은 시인은 경성에서 만주로 가는 기차에 몸을 싣게 됩니다. 바로 백석白石, 1912~1995 시인입니다. 차창가에 펼쳐지는 드넓고 을씨년스러운 만주벌판은 가도 가도 반복되는 풍경만을 보여줍니다. 반복되는 풍경은 내면을 응시하게 만드는 힘을 가지고 있습니다. 그래서 그런지 시인의 눈에는 차창의 풍경에 두 여인의 얼굴이 겹쳐집니다. 바로 란蘭과 자야子夜라는 여성입니다. 부모의 강권으로 시인은 20대에 이미 세 명의 아내를 두었던 사람입니다. 그렇지만 불행하게도 그가 사랑했던 여인은 란과 자야뿐이었습니다. 1935년 6월, 경성의 조선일보사에 근무하던 스물네 살의 백석은 통영 출신 이화여고 학생 란을 만나게 됩니다. 북방 출신이었던 백석에게 해풍을 머금고 자란 란은 무척 이국적인 소녀로 보였을 겁니다. 바로 란이라는 여성이 시인의 첫사랑이었습니다.

그녀를 얼마나 사랑했던지 백석은 그녀가 살았던 통영을 직접 방문

했고, 그때마다 아름다운 시를 지었지요. 〈통영〉이란 제목의 시가 세 편이나 있습니다. 그 가운데 가장 중요한 것이 아마 1935년 6월에 쓴 것으로 보이는 첫 번째 〈통영〉이란 시입니다. 시에는 "저문 유월의 바닷가"라는 표현이 나옵니다. 란을 보고 한눈에 반했던 백석은 그녀를 조금이라도 더 알기 위해서 같은 달에 혼자 통영을 내려가본 것 같습니다. 사랑에 빠지면 상대방을 알려는 욕망이 강해지는 법이니까요. 그렇지만 불행히도 시인은 그녀에게 자신의 뜨거운 속내를 고백하지도 못합니다. 사실 란은 친구의 애인이었기 때문입니다.

자신의 처지가 서러웠던 걸까요. 1936년, 스물다섯 살의 백석은 조선일보사를 사직하고 함경남도 함흥咸興의 영생고보永生高普에 영어 선생님으로 부임하게 됩니다. 그리고 란에 대한 사랑이 가시기도 전에 그는 함흥에서 조선권번朝鮮券番 출신의 기생 자야를 만납니다. 선생님들의 회식 자리에서 말입니다. 궁중무용을 포함한 가무에 능했던 당시 스물한 살의 자야. 만나자마자 사랑에 빠진 백석은 그녀와 3년이나 동거를 하게 됩니다.

자야는 본명이 김영한金英韓, 1916~1999으로 나중에 길상화吉祥華라는 법명을 가지게 됩니다. 1996년 그녀는 자신이 운영하던 대원각이란 요정을 길상사로 바꾸어 법정法頂, 1932~2010 스님에게 기증한 것으로도 유명하지요. 인구에 회자되는 일입니다. 아무것도 모르는 순수한 여성 란과는 달리 자야는 모든 것을 품어줄 수 있는 마음을 가진 여성이었습니다. 당연히 백석은 자야의 가슴에 묻혀 첫사랑의 상처도 치유했을 겁니다. 그렇지만 함흥에서 시작된 자야와의 동거는 계속 불안하기만 했습니다. 동거 기간 중 부모의 강권으로 두 번이나 결혼을 하기 때문입니다. 물론 그럴 때마다 백석은 얼마 지나지 않아 부인을 버리고, 다시 자야의 품에 안깁니다. 그렇지만 어디 이것이 이런 식으로 정리될 수 있는 상황인가요. 마침내 백석은 1939년 자야에게 만주로 도망가자고 제안합니다. 그렇지만 백석의 장래를 걱정했던 자야로서는 그의 의견을 따를 수 없었습니다. 그해 늦가을, 싸늘한 바람을 온몸으로 맞으며 백석이 만주로 가는 기차에 홀로 몸을 실은 것도 이런 이유에서입니다.

누이처럼 그의 모든 것을 품어주었던 자야는 백석에게 '나타샤'라고 불리는 여성으로 응결됩니다. 1938년 3월, 《여성》이라는 잡지에 실린 〈나와 나타샤와 흰 당나귀〉는 바로 이렇게 탄생한 시입니다.

가난한 내가
아름다운 나타샤를 사랑해서
오늘밤은 푹푹 눈이 나린다

나타샤를 사랑은 하고
눈은 푹푹 날리고
나는 혼자 쓸쓸히 앉어 소주를 마신다
소주를 마시며 생각한다

나타샤와 나는

눈이 푹푹 쌓이는 밤 흰 당나귀 타고

산골로 가자 출출이 우는 깊은 산골로 가 마가리에 살자

눈은 푹푹 나리고

나는 나타샤를 생각하고

나타샤가 아니 올 리 없다

언제 벌써 내 속에 고조곤히 와 이야기한다

산골로 가는 것은 세상한테 지는 것이 아니다

세상 같은 건 더러워 버리는 것이다

눈은 푹푹 나리고

아름다운 나타샤는 나를 사랑하고

어데서 흰 당나귀도 오늘밤이 좋아서 응앙응앙 울 것이다.

   스물일곱 젊은 시인이 겪고 있는 사랑의 열병이 차가운 눈발과 대조되어 낙인처럼 선명하게 드러나는 애절한 시입니다. 자신의 사랑을 방해하는 일체의 것들을 눈으로 덮어버리고 나타샤와 함께 "출출이(뱁새) 우는 깊은 산골 마가리(오막살이)에" 살고 싶었던 청년의 바람에 마음이 아리기만 합니다. 〈나와 나타샤와 흰 당나귀〉라는 시를 통해 우리는 백석이 감각에 얼마나 민감했던 시인인지를 확인하게 됩니다. 특

히 주목하고 싶은 것은 "푹푹"과 "응앙응앙"이란 의성어입니다. "푹푹"은 눈이 내리는 소리인 동시에 성교를 연상시키는 의성어이고, "응앙응앙"도 하얀 눈을 만지듯이 나타샤를 애무하는 백석의 손길이 없다면 아무런 의미도 없는 의성어니까 말입니다.

  감각의 풍성함! 백석은 시각, 청각, 후각, 미각, 촉각이란 오감으로 세계를 느끼고 살았던 겁니다. 컬러 텔레비전을 보고 MP3를 들으며 자란 우리 현대 시인들이 시각이나 청각이란 협소한 감각에 매몰되어 있을 때, 백석은 인간에게 가능한 모든 감각들로 세계를 살아냈던 겁니다. 백석이 우리 시인들에게 접근하기 어려운 노스탤지어로 남아 있는 이유가 바로 여기에 있는지도 모를 일입니다. 이성복 시인이 《네 고통은 나뭇잎 하나 푸르게 하지 못한다》라는 산문집에서, 백석 시인은 우리와는 다른 아가미로 호흡하고 있었다고 말한 것도 다 이유가 있었던 셈입니다.

• 2 •

공통감각의 논리

   불교 전통에 따르면 시각, 청각, 후각, 미각, 촉각은 동일한 위상을 가진 상이한 감각이 아닙니다. 인간의 감각과 마음을 가장 심층적으로 숙고했던 불교 사상가 바수반두Vasubandhu, 320?~400?는 시각이 가장 표면적이고 촉각이 가장 심층적인 감각이라고 말했습니다. 다시 말해 인간의 오감은 양파껍질처럼 이루어져 있다고 생각한 겁니다. 당연히 우리 내면에 가장 강한 영향을 끼치는 것은 시각이라기보다는 촉각이라고 할 수 있을 겁니다. 사랑의 경험을 떠올려보세요. 사랑은 외모나 분위기에 끌리는 것으로 시작되지만, 최종적으로는 서로의 몸을 탐닉하는 촉각의 세계에 이르게 됩니다. 〈나와 나타샤와 흰 당나귀〉가 "눈이 내리는 밤"에서 "오늘밤이 좋아 응앙응앙 우는" 사랑으로 끝나는 것도 다 이유가 있었던 셈입니다. 어쩌면 이렇게 말해도 좋을지 모르겠습니다. 란에 대한 사랑, 혹은 자야와의 사랑이 백석의 감각을 일깨운 계기일 수 있었다고 말입니다.

백석의 시가 알려주는 풍성한 감각의 세계를 이해하려면, 나카무라 유지로中村雄二郎, 1925~ 라는 일본의 현대철학자와 그의 주저 《공통감각론共通感覺論》에 주목할 필요가 있습니다. 그는 시각 중심적인 현대 문명을 비판적으로 극복하여 풍성한 감각의 세계를 복원하려고 했던 철학자이기 때문입니다.

> 원래 커먼 센스common sense는 여러 감각sense과 관련되어 있으면서 그것들에 공통common하는 것이며, 더구나 그것들을 통합하는 감각이다. 이것은 우리 인간의 이른바 오감(시각, 청각, 후각, 미각, 촉각)과 서로 관련되면서 그것들을 통합하는 종합적이고 전체적인 감득력sense, 말하자면 '공통감각'이었다. (……) 커먼 센스의 이런 측면, 즉 공통감각이라는 의미는 오랫동안 망각되어 왔으며, 사회적 상식이라는 의미 속에 매몰되어 왔다.
>
> ―《공통감각론》

'커먼 센스'라는 말이 있습니다. 지금은 '상식'이라고 번역되지만, 사실 이것은 글자 그대로 공통감각을 의미합니다. 흔히 말하는 오감 이외에 인간에게 존재하는 여섯 번째 감각, 즉 육감이 바로 그것이지요. 나카무라 유지로는 육감, 즉 공통감각이 오감들을 통합하는 감각이라고 이야기합니다. 당연히 오감이 없다면 공통감각은 아무런 의미도 없는 것이지요. 그래서 공통감각은 "여러 감각과 관련되어 있으면서 그것들에 공통하는 것"이라고 이야기했던 겁니다. 당연히 시각장

애인의 공통감각은 일반인의 그것과는 다를 수밖에 없습니다. 공통감각이 작동할 수 있는 요소 중 하나인 시각이 부재하기 때문이지요. 시각장애나 청각장애와 같은 극단적인 예가 아니라도 상관이 없습니다. 공통감각은 일상적인 사례에도 그대로 적용되기 때문입니다. 만약 청각 기능이 다른 이들보다 탁월한 사람이 있다면, 그의 공통감각은 정상적인 사람보다는 청각적인 색깔을 많이 띠게 될 겁니다. 주변의 소리와 음악에 민감한 사람들이 바로 이런 경우에 해당한다고 할 수 있습니다.

나카무라 유지로가 주목하는 것도 바로 이 점입니다. 정상적인 오감 능력을 가지고 있더라도, 공통감각은 다양한 변주가 가능한 법입니다. 그가 서양 문명사를 공통 범주의 역사로 해명하려고 했던 것도 이런 이유에서일 겁니다.

> 오감 혹은 감각의 재구성이란 새삼스럽게 말할 것도 없이 오감 중 어느 한 감각이 중심이 되어 인간의 구체적인 지각을 통합하는 형태로부터, 다른 감각이 중심이 되어 통합하는 형태로 재구성되는 것을 말한다. 이 경우 특히 시각, 청각, 촉각의 세 가지 중에서 어느 것이 중심이 되는가가 문제다. 서구 근대 문명의 발생과 더불어 여러 감각 중에서 시각이 현저하게 우위에 서게 되었다. 근대가 시작되면서 '오감의 위계질서가 재편성된 것이다. 중세 유럽에서 가장 세련된 감각, 훌륭한 지각적 감각, 세계와 가장 풍부하게 접촉할 수 있는 감각은 청각이었다. 그 시기에 시각은 촉각에 이어

제3의 지위를 차지하고 있었을 뿐이다.

— 〈공통감각론〉

　나카무라 유지로는 서양 문명사를 "감각의 재구성", 즉 공통감각의 논리로 해명하고자 합니다. 그에 따르면, 중세 문명과 근대 문명은 질적으로 다른 공통감각에 기반을 두고 있습니다. 중세 때에는 오감 가운데 청각을 가장 중시했습니다. 이것은 물론 기독교의 영향 탓일 겁니다. 신이나 영혼이 눈에 보이지 않는 세계라면, 인간이나 육체는 눈에 보이는 세계이기 때문입니다. 인간과 육체를 경시하던 시절, 어떻게 시각이 중시될 수 있었겠습니까? 진정으로 중요한 것은 내면에 들리는 신의 목소리, 혹은 신에게 간절히 갈구하는 기도 등등이었기 때문입니다. 이런 것들은 모두 기본적으로 청각적인 성격을 띠는 것들입니다. 그래서 중세 시대 오감의 재구성, 즉 공통감각은 청각 중심적일 수밖에 없었습니다.

　근대에 들어오면서는 상황이 반전됩니다. 시각이 오감에서 가장 중요한 감각으로 대두하게 됩니다. 인간의 가치를 긍정하는 세속적인 사회가 펼쳐졌기 때문이지요. 이제 눈에 보이지 않는 형이상학적 가치보다는 눈에 보이는 현실적 가치가 더 중시되는 세상이 열린 겁니다. 물론 여기에 시선을 현혹하는 자본주의 소비문화도 한몫 톡톡히 하게 됩니다. 자본주의는 인간의 소비 욕망을 부추기지 않고서는 그 생명을 유지할 수 없는 법입니다. 예를 들어 사람들이 옷이 해질 때까지 새로

사지 않는다면, 자본주의는 명맥을 유지할 수가 없습니다. 기존의 옷을 더 입을 수 있는데도 새 옷을 사도록 유혹하는 방법은 디자인과 색깔을 달리하여 새로운 유행을 창조하는 겁니다. 자본주의는 시각적인 욕망을 통해 인간의 소비 욕망을 가장 효과적으로 증폭시킬 수 있다는 사실을 발견한 것이지요. 나아가 사유재산제의 정착도 시각문화를 더 극적으로 부각시키는 효과를 낳습니다. 우리는 원래 눈에 보이는 것만을 가질 수 있기 때문이지요. 재산이 동산과 부동산으로 나뉘는 것도 이런 이유에서일 겁니다. 움직이든, 움직이지 않든 재산이란 기본적으로 시각적인 것들이기 때문입니다.

• 3 •

촉각 혹은 체감의 세계를 찾아서

　나카무라 유지로의 지적은 신선합니다. 그렇지만 그의 논의는 사실 앞으로의 문명은 촉각이 중심이 되는 공통감각의 세계로 열릴 것이라는 전망에 기초하고 있습니다. 그가 "시각, 청각, 촉각 세 가지 중에서 어느 것이 중심이 되는가가 문제"라고 했던 것도 이런 이유에서일 겁니다. 그렇다면 촉각이 중심이 되는 공통감각이란 어떤 것일까요? 흥미로운 것은 나카무라 유지로가 촉각 중심의 공통감각이 사실 공통감각 자체라는 사실에 주목한다는 점입니다. 그는 "체감體感을 영어로는 시너스시자coenesthesia라고 하는데, 흥미롭게도 이것은 공통감각을 의미한다"라고 이야기합니다. '시너스시자'라는 개념은 '공통communis'을 뜻하는 '신coen'이란 어근과 '감각sensus'을 뜻하는 '에스시자esthesia'로 구성된다는 것을 증거로 제시하면서 말입니다.
　나카무라 유지로의 지적이 옳다면, 시각 중심의 공통감각이나 청각 중심의 공통감각은 사실 진정한 의미의 공통감각을 은폐하는 것에 지나지 않습니다. 그래서 촉각 중심의 공통감각을 회복한다는 것은 진정한 의미의 공통감각을 되찾는다는 것에 다름 아닙니다.

> 체감이란 좁은 의미에서의 촉각만이 아니라, 근육 감각과 운동 감각을 포함하는 것이다. 그리고 체감의 감각적 통합이 여러 감각을 술어적으로 통합하는 것임에 반해, 주어적 통합을 이루는 것이 시각적 통합이라고 할 수 있을 것이다. 이렇게 생각해보면 시각적 통합은 원래 체감 통합 위에 성립한다. 그러나 전자가 주어적 성격을 지니고 후자가 술어적 성격을 지니고 있기 때문에 후자는 잠재되어 파악하기 어려울 뿐만 아니라, 후자의 통합은 전자의 통합에 의해 쉽게 다시 새롭게 파악되게 된다. 또한 시각적 통합만이 아니라, 청각적 통합도 주어적 통합이라고 할 수 있다.
> ― 〈공통감각론〉

"체감의 감각적 통합이 여러 감각을 술어적으로 통합하는 것임에 반해, 주어적 통합을 이루는 것이 시각적 통합이라고 할 수 있을 것이다." 조금 어려운 구절일 겁니다. 그렇지만 '술어적 통합'과 '주어적 통합'이란 개념만 제대로 알면, 나카무라 유지로의 이야기를 쉽게 이해할 수 있습니다. 처음 보는 무엇, 즉 X가 있다고 해보세요. 우리의 오감은 그 미지의 것을 향해 열리게 됩니다. 손으로 더듬어보니 표면이 "매끄럽고 차갑습니다." 냄새를 맡으니 "달콤한 향이 납니다." 눈으로 보니 "붉고 둥근 모양입니다." 들고 흔들어보니 "아무 소리도 나지 않습니다." 입으로 맛을 보니 "신맛이 납니다." 이제 우리는 X가 "표면이 매끄럽고, 달콤한 향이 나고, 아무 소리도 나지 않고, 신맛이 나고, 붉고 둥근" 것이라는 사실을 알게 되었습니다. 이것이 바로 '술어적 통합' 입니다. 매우 풍부한 경험이지요. 우리는 이 X에 '사과' 라는 이름을 붙일 수 있습니다. 물론 '애플'이라고 붙여도 되지요.

반면 '주어적 통합'은 '사과'나 '애플'이란 명사에 집중하는 통합 방식을 말합니다. 주어가 될 수 있는 것은 동사나 형용사가 아니라 명사이기 때문이지요. 나카무라 유지로는 시각 중심의 공통감각이 '주어적 통합'을 한다고 이야기합니다. 예를 들어 아이에게 사과가 그려진 그림 카드로 사과를 가르쳐주는 장면을 연상해보세요. 이 경우 아이는 촉감, 향, 맛 등등을 전혀 알 수가 없습니다. 물론 아이는 시장에서 복숭아나 딸기들 사이에서 사과를 구별할 수는 있습니다. 중요한 것은 이 아이가 오감이 가져다주는 풍성함, 즉 '감각 본연의 술어적 세계의 풍성함'을 향유할 수 없다는 점입니다. 물론 어머니가 아이에게 직접 X를 감각하게 하는 '술어적 통합'의 시간을 주고, 이어서 '사과'라는 말을 가르쳐준다면 사정은 조금 달라지겠지요. 아이는 '사과'라는 말을 들으면 X로부터 얻은 풍성한 느낌을 복원할 테니까 말입니다. 그러므로 미지의 X에 대해 '술어적 통합'이 먼저입니다. 이어서 그 X에 이름을 붙이고 시각이나 청각의 대상으로 고정시키는 순간, '주어적 통합'이 출현합니다.

이제야 감이 오시나요? 백석의 시는 '주어적 통합'이 아니라 '술어적 통합'의 세계, 즉 생생한 감각의 세계에서 이루어지고 있다는 사실을 말이지요. 그래서 백석의 시는 시각적일 뿐만 아니라 청각적이고, 후각적이고, 미각적이고, 촉각적일 수 있는 겁니다. 란을 그리며 처음으로 통영을 방문했던 백석, 그리고 통영 바닷가에서 그가 느꼈던 것들을 떠올려보세요. 란이 그리웠던지 백석은 항구의 한 아가씨와 사랑을 나누게 됩니다. "미역오리같이 말라서 굴껍지처럼 말없이 사랑하다 죽는다는" 아가씨와 사랑을 나누던 장면을 "소라방등이 불그레한 마당에 김 냄새 나는 비"라는 멋진 표현으로 이야기합니다. 아마 그녀의 몸에서 김 냄새 비슷한 향이 풍겨왔나 봅니다.

"생선가시가 있는 마루방"에는 백석의 복잡한 심경이 잘 드러나고 있습니다. 이불도 깔지 않은 채, 왕골이나 부들로 만든 일본식 다다미방에서 그는 아가씨와 격정적인 사랑을 나눕니다. 그렇지만 너무나 낡은 객주집이어서 그런지 다다미에 보푸라기가 많이 일었나 봅니다. 그래서 사랑을 나누는 와중에 보푸라기들이 백석의 벗은 몸을 찔렀던 겁니다. 그렇지만 생선가시와 같은 다다미 마루방의 불편함은 사실 란을 품지 못하고 애꿎게도 다른 통영 아가씨와 사랑을 나누고 있기 때문에 드는 당혹감이었는지도 모를 일입니다.

더 읽어볼 책들

백석, 편집부(편),《백석-한국대표시인 101인 선집》, 문학사상사, 2005년
시인들이 가장 좋아하는 시인이 백석이다. 우리말로 어디까지 우리의 삶과 정서를 포착할 수 있는지를 가장 극적으로 보여주었기 때문일 것이다. 북한을 선택한 그의 정치적 판단 때문에 남한에서 그의 자리를 차지했던 것이 김소월이었다. 그렇지만 김소월이 아무리 훌륭해도 백석에 비하면 '꿩 대신 닭'에 지나지 않는다는 것은 나만의 생각일까? 어쨌든 백석과 그의 시가 정치적으로 해금된 이후, 그는 김소월이 섭정했던 권좌에 서서히 오르고 있다. 백석의 위대함은 그가 시각이나 청각에 국한되지 않고 인간이 가진 모든 감각으로 세계를 호흡했다는 데 있다. 시각에 사로잡혀 있는 젊은 시인들이 백석을 새롭게 읽어야 할 이유가 바로 여기에 있다. 이 시집에서 감동을 받기 어렵다면, 백석의 시들을 꼼꼼하게 해명한 이숭원의 역작《백석을 만나다》(태학사, 2008년)로부터 많은 도움을 받을 수 있을 것이다.

김자야,《내 사랑 백석》, 문학동네, 1995년
백석의 시 세계를 이해하려면, 혹은 그가 어떻게 온몸으로 세계를 느꼈는지를 알고 싶다면, 먼저 그의 격정적인 사랑을 이해할 필요가 있다. 사랑에 빠지면 누구나 자신의 모든 감각이 깨어난다는 사실을 확인할 수 있다. 그렇기 때문에 가장 민감했던 청년 백석을 아무런 조건 없이 품어주었던 자야의 사랑은 우리에게는 정말로 고마운 일이다. 그녀가 없었다면 〈나와 나타샤와 흰 당나귀〉 같은 걸작이 탄생할 수도 없었을 테니까. 백석에 대한 어떤 연구서나 평전도 어느새 할머니가 된 자야가 자신이 사랑했고 자신을 사랑했던 백석을 추억하고 그의 시를 회고하는 이 아름다운 책을 따라갈 수 없을 것이다. 사랑은 시이고, 시가 사랑인 까닭이다.

나카무라 유지로, 양일모·고동호(옮김), 《공통감각론》, 민음사, 2003년
프랑스 철학에 조예가 깊은 나카무라 유지로의 대표 저서이다. 세계에 대한 인간의 이해란 결국 인간이 가진 감각들을 떠날 수 없다. 잊지 말아야 할 것은 우리가 가진 다섯 가지 감각은 무질서하게 한꺼번에 작동하는 것이 아니라, 어떤 중심을 가지고 작동한다는 점이다. 이것이 바로 공통감각이다. 그렇지만 시각, 청각, 후각, 미각, 그리고 촉각은 우리가 세계를 느낄 때 동일한 정도로 참여하는 것이 아니라, 어느 경우에는 시각이 중심이 되고 어느 경우에는 청각이 중심이 된다. 그러니까 시각 중심적인 공통감각이나 청각 중심적인 공통감각이 가능한 것이다. 다섯 가지 감각 중 어떤 감각을 대표자로 뽑느냐에 따라 공통감각은 색채를 달리할 수밖에 없다. 나카무라 유지로가 흥미로운 것은 인간에게 가장 중심적인 감각으로 촉각을 긍정한다는 점이다.

chapter 11

글쓰기와
존재의 관계

·

김종삼과 블랑쇼

원정園丁
김종삼

苹果(평과)나무 소독이 있어

모기새끼가 드물다는 몇 날 후인

어느 날이 되었다.

며칠 만에 한 번만이라도 어진

말솜씨였던 그인데

오늘은 몇 번째나 나에게 없어서는

안 된다는 길을 기어이 가리켜주고야 마는 것이다.

아직 이쪽에는 열리지 않은 과수밭

사이인

수무나무 가시 울타리

길줄기를 벗어나

그이가 말한 대로 얼만가를 더 갔다.

구름 덩어리 얕은 언저리

식물이 풍기어오는

유리 온실이 있는

언덕 쪽을 향하여 갔다.

안쪽과 周圍(주위)라면 아무런

기척이 없고 無邊(무변)하였다.

안쪽 흙바닥에는

떡갈나무 잎사귀들의 언저리와 뿌롱드 빛깔의 과실들이 평탄하게 가득 차 있었다.

몇 개째를 집어보아도 놓였던 자리가

썩어 있지 않으면 벌레가 먹고 있었다.

그렇지 않은 것도 집기만 하면 썩어갔다.

거기를 지킨다는 사람이 들어와

내가 하려던 말을 빼앗듯이 말했다.

    당신 아닌 사람이 집으면 그럴 리가 없다고―.

· 1 ·

바흐와 브람스를 좋아했던 시인

연고가 없는 행려병자로 오해받았던 할아버지 한 분이 서울 시립병원에 입원하게 됩니다. 술에 만취해 길거리에 쓰러져 정신을 잃은 할아버지가 불쌍해서였는지 누군가가 급히 입원시켰던 모양입니다. 열흘 넘게 사경을 헤맨 할아버지는 기적적으로 소생했고, 마침내 실종 신고를 하고 애타게 종적을 찾던 가족들을 만나게 됩니다. 그가 바로 말년의 김종삼金宗三, 1921~1984입니다. 시인은 평생 클래식 음악에 심취했습니다. 특히 그는 바흐Johann Sebastian Bach, 1685~1750와 브람스Johannes Brahms, 1833~1897를 매우 좋아했다고 합니다. 1967년부터 10년간 그가 동아방송에서 음악 효과를 담당하는 방송인으로 일했던 것도 사실 원 없이 클래식 음악을 들으려는 목적에서였지요. 바흐나 브람스의 음악은 슈베르트나 모차르트처럼 사람의 감정을 격동시키지 않습니다. 만추의 느낌이 묻어나는 안정감과 고요함, 혹은 열정적 삶을 돌아보는 회고의 정조를 주기 때문일 겁니다.

성스런 세계에서 세속적인 세계를 내려다보는 듯한 바흐나 브람스의 정조를 갖고 있어서일까요? 시립병원에서 깨어나자마자 김종삼 시인은 병원을 가득 채운 죽음의 냄새를 맡으며 가여운 인간 군상을 관조하기 시작합니다. 1979년 8월에 발표한 〈앞날을 향하여〉는 바로 이때 쓴 시입니다.

나는 입원하여도 곧 죽을 줄 알았다.
십여 일 여러 갈래의 사경을 헤매다가 살아나 있었다.
현기증이 심했다.
마실을 다니기 시작했다.
시체실 주위를 배회하거나
죽어가는 사람의 침대 옆에 가 죽어가는 얼굴을 들여다보다가
긴 복도를 왔다 갔다 하였다.
특별치료 병동 중환자 보호자 대기실에 놀러 가곤 했다.
시체실로 직결된 후문 옆에 있었다.
중환자실 후문인 철문이 덜커덩 소릴 내이며 열리면
모두 후다닥 몰려 나가는 곳이 중환자 보호자 대기실이었다.
한 아낙과 어린 것을 안은 여인이 나를 유심히 보고 있었다.
나는 냉큼 손짓으로 인사하였다.
그들은 차츰 웃음을 짓고 있었다.
말벗이 되었다.

그인 살아나야만 한다고 하였고 오래된 저혈압인데 친구분들과 술추렴하다가 쓰러졌다.

산소호흡 마스크를 입에 댄 채 이틀이 지나며 산소호흡기 사용료는 한 시간에 오천 원이며

보증금은 삼만 원 들여놓았다며 팔려고 내놓은 판잣집이 팔리더라도 진료비 절반도 못 된다며,

살아나주기만 바란다고 하였다.

나는 그들을 만날 때마다 반겼다.

그들도 나를 그랬다.

십구 일 동안이나 의식 불명이 되었다가 살아난 사람도 있는데 뭘 그러냐고 큰소리치면

그들은 그저 만면에 즐거운 미소를 지었다.

며칠이 지난 새벽녘이었다.

아래층으로 내려가는 좁다란 계단을 내려가고 있을 때,

어둠한 계단 벽에 기대고 앉아 잠든 아낙이 낯익었다.

가망이 없다는 통보를 받았다는 것이다.

그이가 생존할 때까지 돈이 아무리 들어도

그이에게서 산소호흡기를 떼어서는 안 된다고 조용히 조용히 말하고 있었다.

되풀이하여 조용히 조용히 말하고 있었다.

할아버지라고 보기 힘든 명료한 정신과 감성이 그가 천생 시인일 수밖에 없다는 사실을 잘 보여주는 시라고 할 수 있을 것 같습니다. 그에게는 자기보다 연배가 한참 아래인 어느 가난한 이웃의 가장이 죽어가는 모습이 안타깝기만 합니다. 시인답게 그는 남은 가족들을 위로하고, 그들에게 잠시나마 웃음을 되찾아주려고 애를 썼던 것 같습니다. 열흘 넘게 사경을 헤맨 시인의 눈에는 산소호흡기로 생명을 연장하고 있는 가장의 모습이 바로 자신의 모습에 다름 아닌 것으로 보였을 겁니다. 당연히 시인은 자신의 죽음을 연상합니다. 그러니 시의 제목도 "앞날을 향하여"로 정할 수 있었던 겁니다. '앞날'이란 바로 '죽음'이었던 셈이지요.

김종삼 시인은 1953년 《신세계》라는 잡지에 〈원정〉이란 시를 발표하면서 본격적인 활동을 시작합니다. 당시 평단의 주목을 받지 못했던 시 〈원정〉과 김종삼 시인은 김춘수金春洙, 1922~2004 시인의 극찬으로 화려하게 부활합니다. 그렇지만 당시 시인은 알았던 걸까요? 세상의 풍요로움을 맛보지 못하고 먼발치에서 바라보는 것이 자신의 숙명이라는 사실을 말이지요. "몇 개째를 집어보아도 놓였던 자리가/썩어 있지 않으면 벌레가 먹고 있었다/그렇지 않은 것도 집기만 하면 썩어갔다." 과수원에서 자라고 있는 프롱드 빛깔의 상큼한 과일도 그가 손을 대면 바로 썩어버립니다. 과일에 부패와 죽음을 안겨주지 않고서는 그것을 만질 수 없다는 것! 김종삼 시인이 알코올 중독에 시달릴 정도로 술을 마셨던 것도 이런 이유에서일지 모릅니다. 사랑하는 것에 손을 대지 못하는 비극적 숙명, 술과 클래식, 그리고 시가 아니라면 그 무엇이 이런 참담한 정서를 극복하는 데 도움이 될 수 있었겠습니까?

· 2 ·

바깥과 관계하는 방법

과일에 죽음을 선사하지 않고는 과일을 만질 수 없다는 김종삼의 감각을 단순한 피해의식이라고 치부해서는 안 됩니다. 그것은 좁게는 시인의 숙명, 그러니까 말하고 글 쓰는 인간의 숙명에 대한 직감으로부터 가능한 것이기 때문입니다. 타자에게 죽음을 부여하지 않고서는 타자를 소유할 수 없다는 통찰! 김종삼 시인의 속내를 조금이라도 들여다본 사람이라면 누구나 현대 프랑스 철학의 속앓이를 떠올릴 수 있는 대목입니다. 바타이유Georges Bataille, 1897~1962, 레비나스Emmanuel Levinas, 1906~1995, 푸코Michel Foucault, 1926~1984, 들뢰즈Gilles Deleuze, 1925~1995, 데리다Jacques Derrida, 1930~2004, 낭시Jean-Luc Nancy, 1940~ 등 현대 프랑스 철학의 대가들이 사유하려고 했던 것이 바로 타자와의 차이이기 때문이지요.

타자the other란 정의상 "나와 다른 것" 혹은 "낯설게 느껴지는 것"을 의미합니다. 당연히 타자라는 개념은 나라는 개념과 분리할 수 없는

것이지요. 타자에게서 느껴지는 나와의 다름, 그것이 바로 차이difference입니다. 그러니까 타자를 낯선 존재로 느낀다는 것은 그로부터 차이를 느낀다는 것과 마찬가지라고 할 수 있습니다. 타자와 관련된 한 가지 오해를 바로잡을 필요가 있을 것 같습니다. 그것은 타자가 반드시 타인일 필요는 없다는 겁니다. 풀도, 꽃도, 바위도, 심지어는 자신마저도 낯설게 느껴진다면, 그것은 타자일 수 있기 때문이지요. 여기서 한 가지 더 궁금한 것이 있습니다. 왜 유독 프랑스 철학자들만 타자와의 차이를 집요하게 숙고했던 것일까요? 여러 가지 원인을 생각할 수 있지만, 그중 가장 중요한 것으로 프랑스에는 집요하게 바깥dehors을 사유했던 인문학자 블랑쇼Maurice Blanchot, 1907~2003와 그의 글이 있었다는 사실을 생각할 수 있을 것 같습니다.

타자 혹은 바깥을 사유할 때, 블랑쇼가 가장 주목했던 사례가 바로 '죽음'입니다. 어제까지 나와 함께 커피를 마시며 수다를 떨던 친구가 싸늘한 시신으로 나를 반깁니다. 이럴 때 누구나 낯섦 혹은 차이를 직감하게 되겠지요. 무엇인가가 달라졌고 그만큼 낯설어진 겁니다. 친구의 죽음뿐만 아니라 앞으로 반드시 도래할 나의 죽음도 나에게는 완전히 다른 무엇, 혹은 완전히 낯선 무엇으로 느껴질 겁니다. 삶이 너무나 힘들 때 우리가 자살을 꿈꾸는 것도 이런 이유에서겠지요. 고통이 가실 것 같지 않은 지금과는 완전히 다른 상태를 희망하기 때문입니다. 블랑쇼는 그러나 자살은 죽음이라는 타자와 직면하는 사건이 아니라고 이야기합니다. 무슨 뜻일까요?

> 자살에는 죽음의 신비로서의 미래를 파괴하려는 놀라운 의도가 있다. 그러므로 사람들이 계획하고자 하는 것은 미래가 아무런 비밀도 없도록 하기 위해서이며, 미래를 명확하게 읽을 수 있는 것으로 만들기 위해서, 또 미래가 더 이상 해독해낼 수 없는 죽음의 불투명한 창고가 되지 못하게 하기 위해서다. 이 점에서 자살은 죽음을 맞아들이는 것이 아니라 오히려 미래로서의 죽음을 제거해버리려는 것이다. 죽음의 본질과도 같은 미래를 떼어버리려는 것이며, 그래서 죽음을 피상적인 것, 깊이 없는 것, 위험하지 않은 것으로 만들어버리고자 하는 것이다.
>
> ─ 《문학의 공간 L'espace Littéraire》

살아 있는 우리에게 삶이 안 또는 내부라면, 죽음은 바깥 또는 외부라고 할 수 있습니다. 삶이란 것은 결국 안과 바깥이 직면하여 바깥이 안이 아니고 안이 바깥이 아닌 긴장 관계에 놓이는 것이라고 할 수 있을 겁니다. 물론 언젠가 바깥이 안을 완전히 점령하는 순간이 오겠지요. 그래서 블랑쇼에 따르면, 인간에게 미래란 죽음의 신비로 사유됩니다. 언젠가 죽는다는 것만큼 확실하면서 동시에 불확실한 것도 없을 겁니다. 그렇지만 더 심각한 것은 우리가 도대체 죽음이 무엇인지, 혹은 어떤 상태인지 짐작조차 할 수 없다는 사실입니다. 그래서 죽음은 깊이를 알 수 없는 심연처럼 위험해 보입니다. 줄을 던져 그 깊이를 헤아려보려고 해도 줄은 그 바닥에 닿지를 않습니다. 죽음이 가장 완전한 의미에서의 바깥, 혹은 타자인 이유도 바로 여기에 있습니다.

반면, 자살은 바깥을 장악하겠다는 인간의 야망, 즉 동일성의 야망이 극단적으로 펼쳐지는 사건이라고 할 수 있습니다. 자살하려는 인간은 죽음을 겸허하게 기다리기보다는 그것을 미리 정복하고자 합니다. "인간이면 언젠가 한 번쯤은 다 죽는 것 아닌가?" 얼핏 들으면 영웅적인 행동처럼 보이지만, 사실 죽음에 대한 두려움을 표현하고 있는 것은 아닐까요? 비가 오려고 하면 비 맞는 것이 싫어서 미리 센Seine 강에 뛰어들었다는 어느 프랑스 사람의 이야기처럼 말입니다.

자살은 우리가 죽음을 통제할 수 있다는 착시 효과를 안겨줍니다. 다시 말해 자살은 "죽음을 피상적인 것, 깊이 없는 것, 위험하지 않은 것으로 만들어버리고자 하는" 인간의 절망적인 시도인 셈입니다. 그렇지만 되묻고 싶네요. 자살을 시도해서 죽음이 찾아오는 순간, 과연 죽음이 우리의 의도처럼 깊이가 전혀 없는 피상적인 것으로 느껴질 수 있을까요?

• 3 •

타자에게 죽음을 부여할 수밖에 없는 글쓰기의 숙명

  흥미로운 것은 죽음에 직면했을 때에만 삶도 분명해진다는 사실입니다. 바깥과 직면했을 때에만 안은 안으로서 규정될 수 있는 법이니까요. 타자를 만나지 못하면 자신을 자신으로 자각하지 못하는 것도 같은 이유에서일 겁니다. 죽음이라는 바깥과 직면해 있는 동안에만, 삶은 삶으로서 그 빛을 발하게 됩니다. 블랑쇼는 인간이란 바깥과 직면할 때에만 자신으로서 존재할 수 있다고 이해했던 사람입니다. 그의 지적이 옳다면 인간은 자기 자신으로서 존재하는 것이 아니라 바깥, 타자 혹은 차이와의 관계 속에서만 존재할 수 있다는 겁니다. 레비나스와 낭시가 강조했던 개념 '엑스포지숑exposition'도 바로 이런 사태를 가리키는 겁니다. 그러니까 '바깥ex'에 대해 '서 있는position' 것이 존재의 비밀이라는 것이지요. 그렇습니다. 인간은 죽음이라는 바깥과 직면하면서 삶을 살아내는 존재입니다. 결국 우리는 '무'에 직면해야만 '존재'를 확보할 수 있는 비극적인 존재라고 할 수 있을 겁니다.

그렇다면 우리 자신은 '무'를, 구체적으로 말해 '죽음'을 어떻게 알고 그에 직면할 수 있을까요? 블랑쇼는 언어에서 그 해법을 찾습니다. 여기서 우리는 비트겐슈타인Ludwig Wittgenstein, 1889~1951이 《논리철학논고Tractatus Logico-Philosophicus》에서 보여준 통찰을 살펴볼 필요가 있습니다. 비트겐슈타인은 말했습니다. "내 언어의 한계는 내 세계의 한계를 의미한다"라고 말입니다. 이런 통찰이 가능했던 것은 비트겐슈타인이 언어의 한계, 즉 언어 안과 바깥의 경계선상에 서 있을 수 있었기 때문입니다. 그러니까 비트겐슈타인도 바깥을 경험했던 철학자라고 할 수 있습니다. 그가 언어의 한계 너머에 대해서는 침묵하려고 했던 것도 이런 이유에서입니다. 그것은 맞아들여야 할 것이지, 왈가불가할 대상이 아니라고 확신했기 때문입니다. 비트겐슈타인이 "말할 수 없는 것에 대해서는 침묵해야 한다"라고 역설했던 것도 이런 이유에서입니다. 말할 수 없는 것은 우리에게 다가와 드러나는 것이기 때문입니다.

반면, 언어의 한계 너머에 있는 것을 지칭하려고 할 때, 그것은 언어 한계 너머에 있는 것들을 "피상적인 것, 깊이 없는 것, 위험하지 않은 것"으로 만들려는 행위라고 할 수 있을 겁니다. 이 점에서 말할 수 없는 것을 말하려는 시도는 죽음을 맞이하지 않고 자살을 시도하는 오만함과 유사한 것이라고 할 수 있습니다. 블랑쇼가 언어는 "죽음으로 존재에 이른다"라고 이야기했던 것도 이와 유사한 맥락입니다. 언어는 매순간 죽음을 가져온다고 말했을 때 블랑쇼는 무엇을 생각하고 있었던 걸까요?

> 죽음으로 존재에 이른다. 거기에 바로 인간의 희망과 과제가 있다. 왜냐하면 무 자체가 세계를 만드는 자, 즉 노동하고 이해하는 인간 안에서 세계를 창조하는 자이기 때문이다. 죽음으로 존재에 이른다. 거기에 인간의 찢긴 상처가, 인간의 불행한 운명의 근원이 있다. 왜냐하면 인간을 거쳐, 인간으로 인해 존재에 죽음이 오게 되고, 의미는 무 위에 놓이게 되기 때문이다.
>
> ─ 《불의 몫 La Part du Feu》

신비한 은둔자라는 아우라를 갖고 있는 블랑쇼답게 난해하기 이를 데 없는 구절입니다. 그렇지만 "죽음으로 존재에 이른다"는 말, 이것만 이해하면 블랑쇼의 이야기를 쉽게 파악할 수 있을 겁니다. 언어를 사진에 비유해보도록 하지요. 아름다운 꽃을 사진에 담았습니다. 그렇지만 '사진 속의 꽃'과 '들판에 흔들리는 꽃' 사이에는 현격한 차이가 있는 법입니다. 들판의 꽃을 아무리 근사하게 포착했다고 할지라도, 사진 속의 꽃은 이미 '죽은' 꽃 아닌가요? 결국 사진처럼 언어로 표상하는 존재는 이미 언어에 의해 죽은 존재일 수밖에 없습니다. 또 한 가지 우리가 주목해야 할 것이 있습니다. 사진으로 꽃을 포착하는 순간 극적인 변화가 일어난다는 점입니다. 시간이 지나면 아름다운 꽃은 시들어 사라지지만, 사진 속의 꽃은 결코 시들지 않고 그대로 남아 있습니다. 그래서 사진은 우리의 기억을 지배하고, 화려하게 꽃피었던 자리에서 잡초를 발견하도록 유도할 수 있습니다. 그래서 사진은 아름다운 꽃에게 '죽음'을 가져다주었던 겁니다.

결국 '아름다운 꽃'으로 묘사될 때, '여기 그리고 지금' 우리에게 아름다운 자태와 향으로 드러나는 꽃은 두 번의 죽음을 감당하는 운명에 놓이게 됩니다. 그렇습니다. 그래서 "죽음으로 존재에 이른다"는 블랑쇼의 말은 이중적인 의미를 띠게 된 겁니다. 우선, 이 말은 인간 상상력의 절대적인 토대인 언어가 생생한 존재를 죽여야만 작동할 수 있다는 사실을 의미합니다. 두 번째로 이 말은 언어를 사용하기 때문에 우리는 사물이나 타인뿐만 아니라 자기 자신도 '죽음' 혹은 '무'에 이를 수 있다고 예상하는 겁니다. 언어 자체는 존재자들의 생생함을 죽일 뿐만 아니라, 동시에 생생함을 보존함으로써 실제 존재자들의 부패와 죽음을 파악할 수 있게 한다는 것이지요. 이제 블랑쇼의 마지막 말, "의미는 무 위에 놓이게 된다"라는 주장이 이해되시나요? 인간이 가진 모든 의미는 사진 속 꽃과도 같다는 싸늘한 통찰입니다. 사진을 찍으며 우리는 한가로운 들판에서 하늘거리던 꽃을 살해하지만, 동시에 실제 꽃의 죽음도 확인하게 됩니다. 이와 마찬가지로 언어를 통해 우리는 존재를 살해하지만 동시에 그것을 통해 존재를 보존하는 겁니다.

이제 김종삼 시인의 자괴감이 느껴지시나요? "몇 개째를 집어보아도 놓였던 자리가/썩어 있지 않으면 벌레가 먹고 있었다/그렇지 않은 것도 집기만 하면 썩어갔다." 블랑쇼보다 더 예리하게 시를 쓴다는 것, 나아가 글을 쓰는 자신의 숙명을 포착한 시인의 감수성이 놀랍기만 합니다. 바로 이 점이 김춘수 시인의 눈에 들었던 겁니다. 김춘수 시인의 〈꽃〉이라는 시를 기억하시나요? "내가 그의 이름을 불러주기 전에는/그는 다만/하나의 몸짓에 지나지 않았다." 언어와 존재 사이의 긴장 관계, 혹은 언어의 한계를 집요하게 사유했던 김춘수 시인은 김종삼 시인에게서 비슷한 정조를 발견했던 겁니다. 그렇지만 두 시인은 중요한 차이점을 드러냅니다. 김춘수 시인이 언어가 무의미한 존재를 의미 있는 것으로 만든다는 사실에 주목했다면, 김종삼 시인은 의미 있는 존재란 썩은 존재에 불과하다고 보고 있기 때문이지요.

 손으로 집기 전의 과일과 집은 뒤의 과일이 있다고 해보지요. 김춘수 시인이 집은 뒤의 과일에 강조점을 둔다면, 김종삼 시인은 집기 전의 과일을 계속 의식하고 있었던 겁니다. 어쨌든 집기 전의 과일과 집은 뒤의 과일의 차이, 혹은 생생하게 모습을 드러내는 바깥과 언어로 표현된 의미의 세계와의 차이! 그 차이에 끈덕지게 머무르려는 의지, 혹은 부패와 죽음을 감당하면서도 글쓰기를 멈추지 않았던 용기. 이것이야말로 우리가 김종삼 시인을 기억해야만 하는 진정한 이유가 아닐까요?

더 읽어볼 책들

김종삼, 《북치는 소년》, 민음사, 1979년

한 권의 시집으로 김종삼 시인의 시 세계를 파악하려는 사람에게는 시집 《북치는 소년》만한 것도 없을 것이다. 김종삼의 시 세계는 김춘수가 극찬한 것처럼 새로운 감각을 불러일으키는 이미지들로 가득 차 있다. "내용 없는 아름다움처럼/가난한 아이에게 온/서양 나라에서 온/아름다운 크리스마스 카드처럼/어린 양들의 등성이에 반짝이는/진눈깨비처럼." 이것은 시집의 제목으로 채택되기도 한 〈북치는 소년〉이란 시의 전문이다. "내용 없는 아름다움", 이것이 바로 이미지가 아닐까? 브람스의 교향곡을 좋아했던 시인이 가사가 없는 클래식 음악과도 같은 시를 쓰고자 했던 것은 어쩌면 당연한 일 아니었을까? 그렇지만 김종삼의 위대함은 그가 시 혹은 언어의 숙명을 그 누구보다 심각하게 사유했다는 데 있다. 이런 한계를 넘어서고자 발버둥 치다가 비극적으로 좌절한 것, 이것이 김종삼이자 그의 시다.

블랑쇼, 이달승(옮김), 《문학의 공간》, 그린비, 2010년

현대 프랑스 철학의 핵심 동력은 정치적인 것에서부터 찾아야 할 것 같다. 프랑스의 자존심 파리가 나치 독일에 점령된 사건은 프랑스 지식인들에게 너무나 큰 충격이었다. 나치 치하의 파리에서 고등학교를 다녔던 섬세한 청년들이 권력과 권위를 부정하는 포스트모던적 사유를 지향했던 것도 이런 이유에서다. 그들에게는 선지자와 같은 사상가가 있었다. 그가 바로 모리스 블랑쇼다. 그는 문학이 무엇인지, 나아가 글쓰기가 무엇인지를 가장 심각하게 고민한 은둔 지식인이었다. 프랑스의 해체주의적 전통에서 우리가 언어에 대한 번뜩이는 감각을 확인할 수 있는 것도 다 블랑쇼의 영향이라고 할 수 있다. 블랑쇼 선집은 문학과 글쓰기를 심각하게 고민하는 독자들에게 강력한 통찰을 보여줄 것이다. 특히 이 책은 우리가 반드시 넘어가야 할 산과 같은 책이다.

박준상, 《바깥에서-모리스 블랑쇼의 문학과 철학》, 인간사랑, 2006년
박준상의 블랑쇼 연구서는 카프카의 성처럼 가까이 다가가기 힘든 사상가 블랑쇼에 대한 매우 중요한 해설서라고 할 수 있다. '바깥에서'라는 말이 상징하듯이 저자는 블랑쇼를 '바깥의 사유자'로 이해하고 있다. 바깥은 우리의 내면과 대조되는 용어라는 점에서 블랑쇼를 '타자의 철학자'라고도 할 수 있다. 블랑쇼가 바깥 또는 타자와 어떻게 관계하려고 했는지에 주목하면서 난해한 블랑쇼의 사유를 일관되게 설명하려고 애쓴 역작이다. 전체 4부로 구성된 이 연구서에서 글쓰기와 소통의 경험을 다루고 있는 3부와 4부는 매우 중요하다. 김종삼 등 시인들이 왜 시를 쓰는지, 혹은 시를 쓴다는 것이 어떤 의미가 있는지 나름대로 답을 얻을 수 있기 때문이다.

chapter 12

대중문화의 유혹을 거부하며

· 함민복과 기 드보르

우울氏(씨)의 一日(일일) 10
함민복

우울씨는 힘껏 밀고 들어가도

힘없이 흘러내려 귀두를 덮는 포경

국부를 가리고 사우나탕에 들어선다

일 센티도 안되는 천 속에서

음흉하던 성기들이 덜렁거리며

수증기 속을 오간다

우울씨는 우선 샤워를 한다

표피에 덮여 있던 귀두 부분이 붉게 상기된다

우울씨는 냉탕과 온탕을 들락거린다

한증탕에 들어가 모래시계도 한번 뒤집어본다

우울씨는 깔판을 깔고 앉아 거울을 대한다

김 서린 거울에 찬물을 한 바가지 퍼붓는다

거울 속에는 무게가 없는 것 같다

여러 풍경을 못 하나로 들고 있는 거울

우울씨는 거울 속으로 들어간다

육감 중 오감이 살해되는

시각만의 세계

몸이 가볍게 떠오른다

물의 영혼처럼 수증기가 피어오르고

끓는 물 속에서 뒤척이는 몸뚱어리들

우울씨는 지금 지옥으로 가고 있는 것은 아닐까

이미 지옥에 와 있는 것은 아닐까 생각하며

김 서린 거울 속에서 빠져나오기 위해

찬물을 거울에 쫘악 뿌린다

빨리 때를 밀고 사우나탕을 빠져나가야겠다고

혼자 중얼거리며

이태리타월에 힘을 주는 우울씨

· 1 ·

시각적 세계에 갇힌 시인의 발버둥

과거는 현재와 미래를 지배하는 법입니다. 그렇기 때문에 대부분의 사람들은 현재와 미래를 과거의 연장인 것처럼 덧없이 흘려보내는지도 모릅니다. 그래서 나만의 삶, 그러니까 내가 살아내는 현재를 되찾으려면, 우리는 항상 과거와 씨름할 수밖에 없습니다. 물론 그렇다고 해서 과거를 무조건적으로 부정하려는 것은 아닙니다. 사실 부정하려고 해도 부정할 수 없는 일입니다. 발생했던 사건들의 흔적은 이미 우리 자아의 일부분으로 각인되어 있기 때문입니다. 과거와 씨름한다는 것은 현재 우리의 삶이라는 지평에서 과거의 사건과 경험에 새롭게 의미를 부여한다는 것을 말합니다. 모든 작가들의 처녀작이 유년 시절의 경험과 관련된 것도 이런 이유에서인지 모릅니다. 1980년대에 대학시절을 보낸 시인들은 과거 시인들과는 구별되는 유년의 상처를 간직하고 있습니다. 그들은 박정희 개발독재의 성과, 즉 화려한 소비문화를 온몸으로 겪으며 유년기를 보냈기 때문입니다. 아마 그 대표 시인이 바로 유하(庾河, 1963-)일 겁니다. 1991년에 출간된 《바람 부는 날에는 압구정동에 가야 한다》라는 시집으로 우리에게 다가온 시인은 인간의 욕망을 증폭시키며 생존을 도모하는 자본주의 체제를 예리한 시선으로 포착합니다.

> 압구정동은 체제가 만들어낸 욕망의 통조림 공장이다
> 국화빵 기계다 지하철 자동 개찰구다 어디 한번 그 투입구에
> 당신을 넣어보라 당신의 와꾸를 디밀어보라 예컨대 나를 포함한 소설가
> 박상우나
> 시인 함민복 같은 와꾸로는 당장은 곤란하다 넣자마자
> 띠- 소리와 함께 거부 반응을 일으킨다 그 투입구에 와꾸를 맞추고 싶으
> 면 우선 일 년간 하루 십 킬로의
> 로드웍과 섀도 복싱 등의 피눈물 나는 하드 트레이닝으로 실버스타 스탤
> 론이나
> 리차드 기어 같은 샤프한 이미지를 만들 것 일단 기본 자세가 갖추어지면
> 세 겹 주름바지와, 니트, 주윤발 코트, 장군의 아들 중절모, 목걸이 등의 의
> 류 액세서리 등을 구비할 것 그 다음
> 미장원과 강력 무쓰를 이용한 소방차나 맥가이버 헤어스타일로 무장할 것
> 그걸로 끝나냐? 천만에, 스쿠프나 엑셀 GLSi의 핸들을 잡아야 그때 화룡점
> 정이 이루어진다.

〈바람 부는 날에는 압구정동에 가야 한다 2 - 욕망의 통조림 또는 묘지〉라는 시의 전반부를 읽어보았습니다. 자본주의 체제가 우리를 어떻게 길들이는지, 혹은 우리가 어떻게 길들여지고 있는지를 예리하게 포착한 시라고 할 수 있습니다. 시를 읽다 보면, 우리는 두 사람의 문인을 만나게 됩니다. 한 명은 소설가 박상우朴相禹, 1958- 이고, 다른 하나는 시인 함민복咸敏復, 1962- 입니다. 유하 시인의 눈에 이 두 사람은 자본주의 체제로부터 가장 깊은 상처를 받았으며, 동시에 가장 끈덕지게 그 상처를 응시하려고 했던 사람으로 보였던 겁니다. 특히 우리는 함민복 시인에게 주목할 필요가 있습니다. 물론 박상우도 카프카처럼 구조적 폭력과 인간의 삶을 화두로 한 많은 소설을 출간했습니다. 그렇지만 함민복 시인만큼 집요하게 자본주의 체제가 우리 욕망을 훈육하는 장면을 예리하게 포착했던 시인도 없기 때문입니다.

1990년에 출간된 시집 《우울氏의 一日》에서부터 시인은 자본주의 체계에 포획된 인간의 우울한 삶을 노래하기 시작합니다. 시인은 자본주의 체제의 놀라운 메커니즘 중 하나를 날카롭게 포착합니다. 우리의 오감 중 시각만을 극도로 특화해서 발전시키는 자본주의 생리와 관련된 겁니다. 《우울氏의 一日》뿐만 아니라 1996년에 출간된 시집 《모든 경계에는 꽃이 핀다》에서 자위의 테마가 반복되어 나오는 것도 이런 이유에서이지요. 자위란 관음증적 성행위, 그리고 시각적 쾌락과 분리할 수 없는 행동이기 때문입니다. 《모든 경계에는 꽃이 핀다》에 등장하는 시 〈수음을 하는 사내〉를 넘겨볼까요. "사내의 손놀림이 빨라진다/감각이 오직 여자만을 향해 발동한다/미리 준비된 매체 속의 여인들이 사내의 욕망만큼 살아난다/티브이 속의 여인의 목소리를 잡지 속의 여인의 입을 통해 듣는다."

  텔레비전이어도 좋고 잡지여도 좋습니다. 혹은 최근에 발달한 인터넷 매체, 즉 태블릿 PC나 스마트폰이어도 상관없지요. 대중매체는 기본적으로 시각적인 매체입니다. 다시 말해 무엇인가를 보여주는 매체입니다. 그러니까 대중매체는 백치미를 가진 겸손한 매체라고 할 수 있습니다. 현실에서 자신에게 가해지는 관음증적 시선을 용납하려는 여성은 거의 존재하지 않습니다. 그렇지만 대중매체 속의 여성은 가장 관능적인 자세로 자신을 응시하라며 유혹하고 있습니다. 자위하는 남자는 이미 대중매체가 내건 욕망의 미끼를 덥석 물어버린 겁니다. 가부장적 질서에서 자란 남성은 타자를 지배하고 타자를 이용하여 자신의 욕망을 충족시키려는 강박증으로부터 자유로울 수 없는 법입니다. 불행히도 현실은 그렇게 녹록하지 않습니다. 남성의 욕망을 충족시키는 수단이 되는 것으로 만족을 느끼는 여성은 그렇게 많지 않기 때문입니다. 바로 이런 좌절된 강박증적 욕망에 불을 지피는 것이 바로 대중매체와 그 속에 등장하는 섹시한 자태의 여성입니다.

• 2 •

스펙타클에 포획된 우리의 삶

시각적 세계의 유혹은 이미 시인이 《우울氏의 一日》에서도 집요하게 묻고 있었던 겁니다. 사실 자본주의 사회에서 누구나 앓고 있는 우울증의 기원은 가상세계에서 욕망이 쉽게 충족되는 데 비해 현실세계에서는 그리 쉽게 충족되기 어렵다는 데서 찾을 수 있을 겁니다. 텔레비전이 우리를 우울하게 하는 것도 이런 이유일 겁니다. 텔레비전에 비친 화려한 시각 세계는 우리 삶의 누추함을 그만큼 부각시키기 때문이지요. 《우울氏의 一日》에서 텔레비전에 관한 시들이 자주 반복되는 것도 다 이유가 있었던 셈입니다. 그렇지만 이 시집에서 현대인의 우울을 가장 강렬하게 노래하는 시는 〈우울氏의 一日〉이란 제목이 붙여진 11편의 시, 특히 그중 열 번째 시일 겁니다.

사우나에서 발견한 '거울'을 보고서 시인은 자신이 "육감 중 오감이 살해되는/시각만의 세계"에 살고 있다는 사실을 직감합니다. 그러고는 순간 자신의 존재감이 참을 수 없이 가벼워진다는 느낌을 받았나

봅니다. "몸이 가볍게 떠오르는" 듯한 착각이 일어났기 때문이지요. 현기증을 부정하기라도 하려는 것처럼, 시인은 찬물을 거울에 쫙 뿌리고는 사우나에서 벗어나려고 합니다. 자본주의 체제가 우리에게 던진 그물이 오감의 세계 중 시각만을 강조한다는 시인의 통찰은 매우 중요합니다. 그를 통해 우리가 어떤 사회에 살고 있는지를 들여다볼 수 있기 때문이지요.

시인의 감수성을 제대로 음미하기 위해 우리는 기 드보르Guy-Ernest Debord, 1931~1994와 그의 주저 《스펙타클의 사회La Société du Spectacle》에 주목할 필요가 있습니다. 기 드보르는 우리가 구경거리가 넘쳐나는 사회, 그래서 자신의 삶뿐만 아니라 타인의 소중한 삶도 돌볼 여지를 빼앗아버리는 사회에 살고 있다고 지적합니다. 물론 이 구경거리들은 대중매체를 통해 작동하는 자본주의 체제의 집어등集魚燈이라고 할 수 있습니다. 오징어잡이 배가 칠흑 같은 밤바다에서 집어등을 환하게 밝히고 오징어를 유혹하듯이, 자본주의 체제는 각 가정의 중심부에 놓여 있는 텔레비전이나 컴퓨터 모니터의 불빛으로 우리를 유혹하기 때문입니다.

> 현실세계가 단순한 이미지들로 바뀌는 곳에서는, 이 단순한 이미지들이 현실적 존재가 되고, 또한 무자각적인 행태의 효과적인 동인이 된다. 스펙타클의 임무는 더 이상 직접 지각될 수 없게 된 세계가 다양한 전문화된 매개물들에 의해 보일 수 있도록 만드는 것이다. (……) 스펙타클은 대화

dialogue와 대립물이다.

— 《스펙타클의 사회》

　스펙타클이 우리의 삶과 내면을 어떻게 지배하는지 살펴보는 것은 간단한 사례 하나로 충분할 것 같습니다. 청소년들이 온라인 게임에 중독되는 현상은 어제 오늘의 일이 아닙니다. 그렇지만 주목해야 할 것은 이들 중 대부분이 남학생들이라는 사실입니다. 프로이트나 라캉이 지적한 것처럼 가부장적 사회에서 남성은 대부분 강박증obsessional neurosis을 가지게 됩니다. 강박증은 자신의 욕망이 충족되면 타자의 욕망쯤은 가볍게 무시하는 정신적 경향입니다. 좋은 중학교, 좋은 고등학교, 좋은 대학을 가기 위한 경쟁에서 승리한다면, 강박증이 지배적인 남자아이들은 자신의 욕망을 충족시킬 수 있을 겁니다. 그렇지만 입시 경쟁에서의 승리는 몇몇 아이들에게만 허용될 뿐입니다. 당연히 대부분의 남자아이들은 자신의 욕망을 억압할 수밖에 없습니다. 그렇지만 용수철을 계속 누르고 있으면, 언젠가 강력한 반발력으로 튀어 오르게 마련이지요. "억압된 것은 언제든 다시 돌아온다"라는 정신분석학의 가르침입니다.

　바로 이런 억압된 욕망을 해소할 수 있는 도구가 바로 온라인 게임입니다. 주목해야 할 것은 대부분의 게임이 다분히 타자를 제압하는 폭력의 욕망이나, 점수를 쌓고 아이템을 모으는 축적의 욕망을 충족시키고 있다는 점입니다. 인터넷이란 매체를 이용한 시각적 게임을 통해 아이들은 자신의 강박증적 욕망을 마음껏 해소하고 있는 겁니다. 게임이 반복될수록 아이들은 온라인 게임의 화려한 시각적 이미지에 중독됩니다. 어느 정도 시간이 지나면, 게임의 시각적 이미지가 아이들의 내면을 지배하게 됩니다. 그만큼 그 아이들의 현실 감각은 떨어질 수밖에 없지요. 아니, 정확히 말해 이제 그들은 현실 세계와 게임 세계를 구분할 수조차 없어지는 겁니다. 갈수록 폭력적인 아이들이 많은 것도 이런 이유에서입니다. "이미지들이 현실적 존재가 되고, 또한 무자각적인 행태의 효과적인 동인이 된다"라는 기 드보르의 섬뜩한 예언이 적중한 셈이라고나 할까요.

단순히 지금 남자아이들만 그런가요? 이것은 1980년대부터 본격적으로 시작된 소비문화의 세례를 받은 대부분의 사람들이 겪고 있는 질병이 아닐까요? 대중매체가 던져준 구경거리들을 보는 것이 제일 편하지 않나요? 학교나 직장 등 사회생활에 지칠 때, 집에 들어와 제일 먼저 하는 일이 텔레비전이나 컴퓨터를 켜는 것 아닌가요? 무서운 것은 구경거리에 취해버리는 순간, 주변의 타자와 대화를 나눌 수 없게 된다는 점입니다. 사실 서로에게 무관심한 채로 텔레비전을 시청하는 가족의 모습은 그다지 낯선 풍경이 아닐 겁니다. 여러분의 가정을 돌아보세요. 몇몇 분들은 아마 내 가족은 저녁식사를 항상 같이한다고, 그만큼 화목하다고 자랑할지도 모릅니다. 그렇지만 자세히 살펴보면 가족 사이에 진정한 대화가 이루어지기보다는 텔레비전을 같이 보면서 프로그램에 따라 일희일비하는 것에 지나지 않을 겁니다. 마치 영화를 함께 관람하지만 서로에게 무관심한 관객들처럼 말입니다.

 혹시 텔레비전이 고장이라도 나는 날이면, 가족들은 그 상황이 견디기 힘들 정도로 생경해서 당혹감을 느끼기 쉬울 겁니다. 아들과 딸은 공부한다고 자기 방으로 건너갈 것이고, 어머니는 설거지를 한다고 부엌으로, 그리고 아버지는 베란다로 나가 담배를 피울지도 모릅니다. 이런 어색함은 아버지가 최신 텔레비전을 새로 사와야지만 해소될 겁니다. 가족들은 새 텔레비전 앞에 다시 모여 예전처럼 화목하고 즐거운 분위기를 연출하겠지요. 그래서 기 드보르가 "스펙타클은 대화dialogue와 대립한다"라고 이야기했던 겁니다. 대화가 부족하다는 것, 이것은 단순히 스펙타클 사회, 즉 구경거리 사회의 부산물이 아닙니다. 인간으로부터 대화와 소통, 그리고 연대의 계기를 박탈하는 것, 이것이 스펙타클의 목적이라고 할 수 있기 때문입니다.

• 3 •

구경꾼에서 활동하는 주체로

《경제학‒철학 수고Ökonomisch-philosophische Manuskripte》에서 마르크스는 말했습니다. "세계에 대한 인간의 관계를 인간적 관계라고 전제한다면, 그대는 인간을 인간으로서만, 사랑을 사랑으로서만, 신뢰를 신뢰로서만 교환할 수 있다"라고 말입니다. 자본주의 체제가 돈을 매개로 인간관계를 왜곡하는 현상에 대한 안타까움이 묻어나는 표현입니다. 돈이 많아 잘 쓰는 사람을 더 신뢰하고 사랑하는 현상은 어제 오늘의 일이 아닌가 봅니다. 돈으로 왜곡된 인간관계를 회복하려면, 우리는 타자와의 대화와 소통을 지속적으로 시도해야만 합니다. 그러나 스펙타클에 취해서 욕망을 허구적이나마 충족시킨다면, 타자와 대화하고 소통해야 한다는 주장은 공염불로 들릴 겁니다. 무서운 일이지요. 타자와 연대할 수 있는 기회를 박탈하는 것, 이것이 스펙타클 사회의 가장 큰 목적이라고 할 수 있습니다. 개개인들을 캉가루처럼 만들어 무력화하는 겁니다. 이런 사회적 효과보다 더 주목해야 할 것이 하나 있습니다. 그것은 스펙타클의 지배를 받으면서 우리가 점점 수동적인 존재로 변해간다는 것입니다.

현실적으로 스펙타클은 정치가나 예술가 혹은 대중 스타라고 할 수 있습니다. 한마디로 유명 인사들이지요. 대중매체를 통해 이런 유명 인사들을 접하다 보면, 우리는 자신도 모르게 그들의 패션, 그들의 행동, 심지어 그들의 말투까지 흉내 내게 됩니다. 사실 기 드보르가 스펙타클의 사회를 비판하는 근본 취지도 바로 여기에 있습니다. 그는 인간에게 구경꾼이나 모방자의 수동성이 아니라 실천하고 창조하는 능동성을 되찾아주고 싶었던 겁니다.

> 관조되는 대상에 대한 구경꾼spectateur의 소외와 복종은 다음과 같은 방식으로 작동한다. 그가 더 많이 관조하면 할수록 그는 더 적게 살아가게 된다. 지배 체제가 제안한 필요의 이미지들로 그가 자신의 필요를 더 쉽게 재인식하면 할수록, 그는 자신의 존재와 욕망을 더 적게 이해하게 된다. 활동하는 주체l'homme agissant에 대한 스펙타클의 외재성은 개체 자신의 몸짓geste이 더 이상 자신의 것이 아니고, 차라리 그에게 그것들을 대표해주는 다른 누군가의 몸짓이라는 사실로 설명된다.
>
> ―《스펙타클의 사회》

현대 자본주의 체제는 학력 혹은 경력이라는 스펙을 쌓아야 성공할 수 있다는 이미지, 혹은 스펙을 쌓지 못했을 때 좌절하는 이미지를 반복적으로 보여줍니다. 영화, 텔레비전, 인터넷 등 다양한 매체를 통해서 말입니다. 이런 이미지들을 반복적으로 관조하다 보면 자신도 모르게 스펙이 필요하다고 생각하고, 그에 따라 스펙을 쌓기 위한 행동을 개시하게 됩니다. 이로써 우리는 자기가 원하는 것, 자신의 행복을 위해 반드시 필요한 것들을 서서히 망각하게 됩니다. 예를 들어 국악에 관심이 있어 〈적벽가〉를 완창하고 싶다는 꿈, 혹은 세계를 여행하며 많은 사람들을 만나겠다는 희망도 저버리게 되지요. 체제가 원하는 것을 자신이 원하는 것으로 착각한다면, 우리는 이미 자신의 삶을 살아내고 있는 것이 아니지요. 단지 우리는 주어진 배역을 연기하는 불쌍한 꼭두각시나 광대에 지나지 않을 겁니다. 그래서 "구경꾼이 되면 될수록 우리는 더 적게 살아가게 된다"라는 기 드보르의 지적이 가슴을 철렁하게 만듭니다.

자신이 어떤 사람인지, 그리고 무엇을 원하는지 알기 위해서는 세계 혹은 타자들과 직접 부딪쳐야만 합니다. 설령 체제가 제공한 제스처를 하고 있다고 할지라도, 세계와 직접 부딪치면 되는 겁니다. 바로 그 순간 우리가 흉내 내고 있는 제스처가 나의 삶에 어떤 행복과 힘을 주는지 알게 될 테니까요. 물론 모방하고 있는 제스처를 시험해본다는 것 자체도 무척 어려운 일입니다. 흉내 내고 있는 제스처는 스펙타클이 만들어낸 결과일 뿐이고, 당연히 자신의 삶을 살아가지 못하도록 기능을 하기 때문이지요. 그렇지만 "활동하는 주체"가 되는 순간, 우리에게 붙어 있던 제스처들이 떨어져 나가게 된다는 것은 분명합니다. 마치 화려한 이브닝드레스를 입은 여성이 100미터를 전력으로 달릴 때 느낄 수밖에 없는 거추장스러움처럼 말입니다.

사우나에 들어간 함민복 시인의 우울씨는 그곳에서 요구하는 모든 제스처를 흉내 냅니다. "우울씨는 냉탕과 온탕을 들락거리며" "한증탕에 들어가 모래시계도 한번 뒤집어보는" 것이 그것입니다. 그러다가 마침내 거울을 보면서 자신이 스펙타클의 세계, 즉 자신만의 제스처는 없고 체제가 각인시킨 제스처만을 하고 있다는 사실을 직감하게 됩니다. 그래서 우울씨는 자신이 "이미 지옥에 와 있는 것은 아닐까 생각하며/김 서린 거울 속에서 빠져나오기 위해/찬물을 거울에 쫘악 뿌리게" 됩니다. 무서웠던 겁니다. 지옥이란 자신의 삶을 살아내지 못하고 타인의 삶을 연기하는 곳입니다.

채찍질로 타인의 행동을 강제하는 것보다 더 무서운 것은 자발적으로 복종하게 만드는 겁니다. 외적인 강제는 부자유로 의식되어 마침내 저항을 유도할 수도 있지만, 자발적 복종은 부자유로 의식되지도 않기에 저항하기조차 어렵기 때문이지요. 그러니 지옥도 이런 지옥이 없는 셈입니다. 그렇지만 거울에 찬물을 뿌리고 사우나를 나온다고 해서 우울씨가 우울함을 극복하고 명랑씨로 돌아갈 수 있을까요? 사우나 바깥은 어쩌면 더 커다란 거울, 즉 스펙타클로 포획된 세계가 아닐까요?

더 읽어볼 책들

함민복, 《우울氏의 一日》, 세계사, 1990년

함민복은 가난한 유년 시절과 그에 비해 화려하게 전개된 자본주의 소비문화를 배경으로 상처받은 자신의 삶을 정직하게 응시하려고 했던 시인이다. 함께 언급되는 유하 시인에 비해 그의 시가 더 회색빛을 띠는 것은 어쩌면 불우했던 유년 시절의 그늘이 그만큼 더 짙었던 탓이 아닐까. 그래서 그에게 자본주의는 '압구정동의 화려함'보다는 '골방의 우울함'으로 채색되어 있다. 사랑을 할 수 없을 정도로 우울했던 그가 2011년 3월 6일 동갑내기 여제자와 화촉을 밝혔다. 마침내 그는 유년 시절과 자본주의를 넘어서 자신의 삶과 사랑을 긍정할 수 있는 새로운 세계에 발을 디딘 것이다. 앞으로 어떤 시가 나올지 기대된다. 그렇더라도 역시 '우울氏의 一日'이란 연작시들이 실려 있는 이 시집은 자본주의가 가져다주는 우울증에 대한 최고의 보고서라는 사실은 변치 않을 것이다. 어쨌든 함민복 시인이 행복했으면 좋겠다. 지금까지 시인은 너무도 우울한 삶을 살았으니까.

기 드보르, 이경숙(옮김), 《스펙타클의 사회》, 현실문화연구, 1996년

기 드보르는 국제상황주의자연맹Situationist International, SI을 이끌었던 영화감독이자 문화평론가다. 상황주의는 상황이라는 객관성과 그 상황에 대처하는 주체의 능동성을 강조하는 입장이다. 당연히 SI는 인간 개개인이 자신이 처한 상황에서 주체적으로 자유를 되찾는 혁명을 수행해야만 한다고 주장했다. 기 드보르와 SI가 없었다면 프랑스 68혁명은 사뭇 다른 모습으로 전개되었을 것이다. 이 책에서 기 드보르는 일체의 대표 논리를 부정한다. 대표와 피대표자로 구성되는 대표의 논리에서 대다수 피대표자, 즉 대표되는 대부분의 사람들은 구경꾼으로 전락할 수밖에 없기 때문이다. 대표되는 사람들을 구경꾼으로 전락시키기 위해 대표는 항상 '스펙타클', 즉 구경거리를 이용한다. 기 드보르는 이 구경거리의 논리를 해체하고, 구경꾼으로 전락한 사람들을 활동하는 주체로 만들고 싶었던 것이다.

라울 바네겜, 주형일(옮김), 《일상생활의 혁명》, 이후, 2006년
기 드보르의 책을 읽은 독자들은 그의 냉정한 현실 분석에 압도당할 것이다. 그렇지만 한 가지 심각한 문제가 마음에서 떠나지 않는다. 어떻게 하면 우리를 구경꾼으로 만드는 '스펙타클의 사회'로부터 탈출할 수 있을까? 이런 의구심을 가진 독자라면 바네겜의 책 《일상생활의 혁명》이 많은 도움이 될 것이다. 이 책을 통해 우리는 구체적인 삶의 현장에서 자본과 권력을 극복할 수 있는 전망을 얻을 수 있기 때문이다. 기 드보르의 동료였던 바네겜이 없었다면 기 드보르의 난해한 사상과 SI의 활동은 오랫동안 주목받지 못했을지도 모른다.

chapter 13

저주받고 배척되는 삶을 긍정하기

· 황병승과 보드리야르

트랙과 들판의 별
황병승

세련의 핵심
이봐 아가씨 삼촌은 말한다 세련을 알고 있니 몰라요 이 세상에 세련을 알고 있는 사람은 아무도 없단다 우리는 세련을 생각하기 마련이지 특히 공포의 순간에 너는 세련된 사람이 되어야 한다 네가 지금 하고 있는 행동이 누가 봐도 세련된 것인지 누군가 너의 세련을 의심하고 있는 것은 아닌지 너의 서툰 모습을 얼마나 완벽하게 감출 수 있는지 그러한 기술을 가진 사람이 되어야 한다 물론 네가 지금 하고 있는 숙제도 너에게 세련을 알게 해주지는 못해 차라리 학교에 가서 세련되게 매를 맞아라 그것이 낡아빠진 작문 숙제일 경우에는 더더욱, 이라고 말하는 삼촌의 모습은 너무나도 세련된 것이어서 오늘은 조금도 세련되어 보이지 않는다 세련을 말하는 삼촌이 말이다 이것이 세련의 핵심쯤 되는가 보다

도라도라 댄스
이 세상에서 최고로 아름다웠던 언니가 있다 언제나 언니를 생각한다 언니를 생각하면 못난 내 이름 내 얼굴 내 눈 내 코 내 입 내 발자국 내 목소리가 하나뿐이라는 사실이 도무지 믿기 힘들어지고 만다 못생긴 페이지들 언니를 생각하면 페이지가 없는 것이다 언제나 제자리를 빙글빙글 맴도는 일 때로는 언덕을 달려 내려가듯 한껏 팔을 벌리고 때로는 죽어가는 고양이처럼 신음하며 때로는 욕조의 더러워진 물처럼, 언니 언니 언니에게 빨려 들어가듯 도라도라 댄스라

는 것을 춘다 엄마가 아이에게 밥을 떠먹이듯 나는 나에게 그것을 한 스텝 한 스텝 가르쳤다

새로운 전자 개

오빠는 처음 보는 것에 사로잡힌다 머릿속의 알파파가 그렇게 시킨다고 한다 *어째서 알파파는 우주고 하느님이니까* 오빠는 그렇게 믿고 그렇게 하는 것을 당연히 여기고 그것이 오빠의 인생, 전부다 새로운 전자 개가 나오면 그것을 보고 만지고 음…… 짧은 결정의 순간을 가진 뒤에 오빠는 그것을 가진다 그리고 버린다 알파파는 언제나 즉각적이고 뉴 전자 도그도 당해낼 수가 없다 알파파는 신이고 생명의 원천이며 불가능한 뉴 전자 도그를 향한 끝없는 도전이니까

목수를 섬기는 인생

그러나 아빠의 생각은 다르다 언제나 우리와 다르다 무엇 때문인지 모르겠지만, 그는 말한다 네가 내 새끼라니…… 인생은 그런 게 아니지 *인생은 그런 게 아니라니* 하루 종일 뚝딱거리며 매일 똑같은 소리를 지껄인다 인생은 그런 게 아니라고 개집 하나를 지으면서도 아빠는 무엇 때문에 할아버지의 목소리를 닮아가는 것일까 지금도 웃긴데 십 년이 지나면 얼마나 웃길 것인가 그것이 비와 바람과 천재지변을 두려워하고 섬기는 인생일지라도

파리채 선생

진짜 인생을 모르는 늙은 노처녀가 있다 그녀가 어떻게 선생이 되었는지 아무

도 모른다 국가적인 위협이 아닐 수 없다 이를테면 수업이 끝나는 즉시 집에 가서 숙제를 하고 불쌍한 부모를 도우라는 식이다 우리는 차라리 학교가 없었으면, 하고 바라는 열일곱인데 그것을 표현하기라도 하면 또 등짝으로 파리채가 떨어진다 바보 같은 짓이다 우리를 일깨워주기는커녕 늙은 노처녀 선생의 이마에서는 땀이 흐르니까 말이다 국가적인 시간낭비가 아닐 수 없다 서로의 인생관이 너무나 다르고 말이 통하지 않는다

러브 앤 개년

나의 연인은 말한다 우리가 아침에도 만나고 낮에도 만난다면 우리가 누구인지 내가 누구인지 너는 조금씩 모르게 될 거야 *어째서* 사랑은 그런 것일까 나의 연인은 말한다 우리가 늦은 밤에도 만나고 새벽에도 만나고 공원에서 들판에서도 만난다면 우리가 누구인지 내가 누구인지 결국 영원히 모르게 될 것이고 밤과 낮 공원과 들판에 대해서도 까맣게 잊어버리겠지 *어째서 어째서* 사랑은 그런 것일까 나의 연인은 소리친다 입 닥쳐 개년아 어째서라니 네가 그 사실을 자주 잊어버릴수록 너는 더 미친 듯이 사랑에 목말라 해야 하고 이곳에 없는 나를 찾아 밤새도록 공원을 숲 속을 개처럼 헤매게 될 거다 우리가 아침에도 낮에도 공원에서 들판에서 만난다면 사랑은 역시 그래야 하는 것일까 나의 연인은 돌아선다 어째서 나를 개년이라고 부르는 네가 누구인지 너에게 개년이라고 불리는 내가 누구인지 또 우리가 무엇인지 너의 말처럼 영원히 모를 수도 어쩌면 조금 알게 될 수도 있을 거다 모르는 *거니까* 우리들 언젠가 공원에서 사랑을 나누는 연인들의 지갑을 훔쳐 과자와 홍차를 사 먹은 적이 있어 그 사실을 아빠가 알게

된다면 우리를 개집에 처넣고 혹독하게 매질을 할 수도 있겠지 하지만 이 밤의 나는 너의 사랑을 받는 개년이다 *어쨌든 말이다* 우리가 누구인지, 아니 네가 누구인지 나의 첫 번째 사랑이 어떻게 달아나고 마는지 똑똑히 알게 될 때까지는

누가 새에게 이름을 지어주었나

장미의 가시가 어떤 여자의 뺨을 할퀴고 흔들릴 때까지도 엄마는 태어나지 않았다 피가 배어 나오는 상처를 할 일 없는 어떤 남자가 다가와 어루만져주었을 때 엄마는 태어났다 상처를 만져주던 손길은 이내 자취를 감춰버렸지만 엄마의 이름은 어쨌든 '*한 남자의 손길을 기억하는, 장미의 가시가 할퀴고 지나간 어떤 여자의 상처*' 다 내 친구들 중엔 더 긴 이름을 가진 애들도 있다

보는 사람 엄마 엄마 엄마

엄마는 창문에 붙어서 아무것도 하지 않는다 창밖의 나무가 엄마를 빤히 들여다보고 창밖의 우물이 엄마에게 말하고 창밖의 새들이 그녀의 머리 위로 날아갈 뿐 엄마는 창문에 붙어서 아무것도 하지 않는다 언제나 다정한 멜로디로 응응 응, 이라고 흥얼거릴 뿐 귀여운 엄마 엄마는 미운 사람이 아니고 부드러운 바람이 머리칼을 쓸어주는 엄마는 아름답다 엄마는 맨들맨들하고 착하고 따뜻하고 조용하고 그런데도 엄마는, 빌어먹을 년이다

할머니

파리채 선생이랑 별반 다를 것이 없다

가자! 다림질

언제까지나 풀리지 않는 얘기들 얘기들로 우리는 서로에게 스팀을 뿜는다 소리를 지를 수가 없어서 소리를 지르는 대신 다리미와 내 구겨진 셔츠 우리는 서로에게 조용히 스팀을 뿜고 있다 계절은 여름이고 신경질이 나도 소리를 지를 수가 없다 누군가 우리의 작은 창을 걸어 잠갔기 때문에 누군가 우리의 목소리를 짓누르는 계절이기 때문에 방문을 두드리는 소리를 애써 외면하고 소리도 지를 수 없는 어둠 속에서 나는 다림질을 한다 가자 가자 우리는 서로에게 스팀을 뿜어대고 있다 다리미와 나 구겨진 셔츠 밤을 새워서라도 이 작은 고장에서 우리가 해야 할 일은 있는 거니까

죽음 내 퍼피들

때론 두렵고 때론 지루하다 열일곱 창밖으로 나뭇가지를 들고 가는 언니의 그림자와 내 주위의 모든 것들 구름 비행기 열매 흙냄새 무엇과도 견줄 수 없을 만큼 두렵고 지루한 시간 꼬리 치는 내 퍼피들 우리는 서로에게 주의를 기울여야 한다 친구로서 서로에게 주의를 기울여야 한다고 생각한다 나와 내 주위의 모든 것들 그러니까 연인 가족 친구 학교 산과 바위 그리고 바위보다 더 단단한 죽은 자들의 목소리에도 주의를 기울여야 한다 친구로서 언니 동생으로서 터져 나오려는 웃음을 꾹 참고 눈물을 감추고 달아나면 끝이다 돌아서면 끝이다 꼬리치는 내 퍼피들 제발 너를 함부로 굴리지 말아 나를 망쳐선 안 돼 너는 고작, 아직 어린애니까

트랙과 들판의 별

나는 미래 같은 건 없다고 생각한다 그러니까 오빠의 새로운 전자 개는 없는 거나 마찬가지다 알파파라니 나 역시 세련을 생각한다 삼촌처럼 할아버지를 닮지 않기 위해 빌어먹을 년이 되지 않기 위해 어쩌면 삼촌과는 관계없이 조금 더 세련을 알기 위해 미래는 없는 거나 마찬가지다 아름다운 채로 죽은 언니와 이곳에 없는 나의 연인을 위해 열심히 트랙을 돌다 들판에 처박혀 가쁜 숨을 몰아쉬는 쓸모없는 별처럼 미래 같은 건 아무래도 좋다고 생각한다 사로잡힌 아빠와 날지 못하는 엄마의 긴 이름을 떠올리며 나는 늙은 노처녀처럼 국가적인 시체처럼 헉헉거리며 간신히 숨을 쉬고 있는 나의 모습이 이 세상에서 가장 세련되다고 생각하니까 말이다 우리에겐 언제나 우리들만의 승리, 어쨌든 그런 것만이 존재할 뿐이라고 굳게 믿으니까 말이다

배척된 채로

우리에겐 우리들만의 승리가 있다
그러니 모든 길과 광장은 더러워져도 좋으리
술병과 전단지와 색종이 토사물로 뒤덮여도 좋으리
창가의 먼지 쌓인 석고상은 녹아버려라
거추장스러운 외투와 속옷은 강물에 던져버려라
우리에겐 우리들만의 승리가 있다
배척된 채로
배척된 채로

• 1 •

처음을 희망했던
우리 시대 젊은 시인

2010년에 개봉해 우리 사회에 잔잔한 파문을 던졌던 이창동李滄東, 1954~ 감독의 영화 〈시〉를 보셨나요? 이 영화를 보면 시 낭송회 뒤풀이 장면이 나옵니다. 모든 뒤풀이에서 반복되는 풍경이지만, 이 영화에는 "시는 죽었다"라고 절규하면서 주정하는 젊은 시인이 등장합니다. 그가 바로 황병승黃炳承, 1970~ 시인입니다. 시인은 2005년 《여장남자 시코쿠》라는 시집으로 부정적이든 긍정적이든 평단의 주목을 한몸에 받게 됩니다. '분열된 주체', '하위문화', '퀴어', '리좀' 등 현대 인문학적 용어들로 난분분한 평론들이 줄을 지어 등장합니다. 마치 시인이 앞으로 도래할 시대와 그에 맞는 새로운 인간형을 미리 직감하기라도 한 것처럼 말이지요. 2007년 《트랙과 들판의 별》이라는 시집으로 황병승 시인이 우리에게 다시 찾아왔을 때, 많은 사람들이 시집을 빨리 펼치려고 안달이었습니다.

《여장남자 시코쿠》에서와 마찬가지로 시인의 새로운 시집은 시와 이야기 사이의 문법적 경계를 허무는 데 주저하지 않습니다. 시집을 시작하는 시 〈첨에 관한 아홉소ihopeso氏의 에세이〉는 아예 시 제목에 에세이라는 성격을 부여하고 있을 정도입니다. 이 시에는 '처음'을 상징하는 '첨'이라는 가상인물이 동생으로, 그리고 시인 자신을 상징하는 '아홉소'라는 가상인물이 사촌 형으로 등장합니다.

> 건너편 옥상에는 언제부턴가, 미래를 예언한다는 점술집이 들어섰고 왠지 모르게 나는 밤마다 숨이 찼다 그러던 어느 날 점술집의 저 늙은 여편네도 하루 종일 미래를 들여다보느라 나만큼이나 숨이 찰 거라는 생각이 들었고 내가 없으면 첨, 너도 없다, 그런 생각이 따라왔어
>
> 첨, 내 동생
> 나는 그러기를 바란다,는 너의 사촌형, 아홉소

황병승은 무엇인가를 바라는 시인입니다. 그러니까 스스로 '나는 그러기를 바란다', 즉 'I hope so'라는 가명을 선택했던 것이지요. 이 시에서 중요한 것은 사촌 동생으로 등장하는 '첨'에 대한 '아홉소'의 생각일 겁니다. "내가 없으면 첨, 너도 없다." 이것은 무슨 말일까요? 처음을 바라는 자신이 존재하지 않는다면 처음도 존재할 수 없다는 생각입니다. 그렇기 때문에 첨은 아홉소의 동생일 수 있었던 겁니다. 형이 없다면 어떻게 동생이 있을 수 있겠습니까? 그렇지만 더욱 중요한

것은 시인이 처음을 희망하고 있다는 사실일 겁니다. 이것은 가장 최첨단에 있는 것으로 평가받는 시인이 기본적으로 모더니즘 계열에 있다는 사실을 보여주는 겁니다. 모더니즘modernism이란 글자 그대로 '새로운modern' 것을 강박증적으로 추구하는 경향이기 때문입니다. 아니나 다를까 〈첨에 관한 아홉소ihopeso氏의 에세이〉에 등장하는 다음 구절은 시인의 모던 취향을 가장 잘 보여준다고 할 수 있습니다.

첨 때문에 나는 생각이라는 것을 처음 하기 시작했다.

이를 테면 포엣poet, 온리only 누벨바그nouvelle vague,
그것은 어딘가로부터 몰려와 낡은 것을 휩쓸고 어딘가로 다시 몰려가는
이미지를 연상시키지만, 그것은 정지이고 정지의 침묵 속에서 비극을 바
라보는 것에 가깝다 그리고 서서히 바뀌는 것이다.

'새로운 물결new wave'을 의미하는 누벨바그는 1950년대 후반 소규모 영화 제작자나 영화 마니아들이 주도한 새로운 영화 운동을 말합니다. 누벨바그 운동은 중심을 갖춘 체제의 논리가 아니라 다중심의 해체 논리에 기반을 두었다고 할 수 있습니다. 그래서 자본과 권력의 입장을 반영한 영화가 아니라 다채로운 인간의 삶을 조망하는 영화, 복잡하고 가변적인 인간의 내면을 엿볼 수 있는 영화가 가능했던 겁니다. 앞에서 다룬 적이 있는 기 드보르가 바로 이 중심에 섰던 인물입니

다. 황병승 시인의 시에 누벨바그라는 개념이 등장한다는 것은 매우 의미심장한 일입니다. 그에게 시란 누벨바그 영화처럼 새로운 것이어야만 한다는 사실을 보여주고 있기 때문입니다. 첨, 즉 처음에 대한 날카로운 감각이 아니라면, 시는 아무것도 아니라는 모더니스트적인 확신인 셈이지요.

그렇지만 그는 모더니즘이 가진 비극을 잘 알고 있는 시인입니다. 황병승에게 시란 새로운 것, 즉 처음 것을 찍은 사진에 비유할 수 있을 것 같습니다. 새로운 것을 찍은 사진은 정지의 침묵 속에 있습니다. 그렇지만 새로운 것은 계속 낡은 것을 비웃듯이 출현하는 법입니다. 바로 여기에 새로움의 비극이, 혹은 시의 비극이 있는 셈입니다. 바로 이 점이 중요합니다. 많은 평자들이 황병승의 시에서 포스트모던을 찾으려고 했지만, 사실 그는 포스트모던이란 바로 모더니즘의 하나의 외형에 불과하다는 사실을 알고 있었던 겁니다. 《포스트모던의 조건La Condition Postmoderne》에서 리오타르Jean-François Lyotard, 1924~1998의 통찰이 연상되는 부분이지요. 리오타르는 말했지요. "어떤 작품도 우선 포스트모던해야만 모던하게 될 수 있다. 이렇게 이해된 포스트모더니즘은 곤경에 빠진 모더니즘이 아니라 발생 중에 있는 모더니즘이고, 이런 상태는 불변하는 것이다."

황병승 시인은 중요합니다. 젊은 시인답게 그는 우리 사회와 그 속에 펼쳐지는 우리의 삶이 과거보다 얼마나 달라졌는지를 예리하게 포착하고 있기 때문입니다. 그렇습니다. 그의 시는 우리 시대 가장 새로운 것, 그러니까 가장 새로운 삶을 보여줍니다. 당연히 그가 펼쳐 보이는 장면들은 가장 '기묘해queer' 보일 수밖에 없을 겁니다. 그것은 과연 어떤 모습을 하고 있는 걸까요? 그래서 〈트랙과 벌판의 별〉이란 시는 우리의 주목을 끌기에 충분합니다. 이 시는 '아가씨'를 주인공으로 해서 그 주변 사람들을 다루고 있습니다. 삼촌, 죽은 언니, 아버지, 어머니, 선생님, 애인, 그리고 애완견들이 줄지어 등장하는 시입니다. 제목에 나오는 '트랙'이 달리기 하는 장소라는 의미로 시에 등장하지만, 사실 시디CD의 트랙이라고 보는 것이 옳을 것 같습니다. 그러니까 〈트랙과 벌판의 별〉은 13개의 트랙으로 구성된 한 장의 시디로 볼 수 있다는 것이지요.

• 2 •

중심이 해체되었을 때
드러나는 풍경

 누벨바그 운동처럼 중심을 해체했을 때, 중심에 지배되었던 것들이 해방됩니다. 예를 들어 성적이 학생들을 평가하는 중심이 아닐 때 교실에서 어떤 일이 벌어질지 예상해보세요. 1등 하던 아이는 공부 잘하는 아이로 남겠지만, 꼴등 하던 아이는 기타 연주에 재능이 있는 아이로 부각될 겁니다. 같은 반 모든 학생들이 각자 자신이 가진 재능과 역량에 따라 평가될 것이고, 여기에는 누가 더 우등한지 열등한지가 문제되지 않을 겁니다. 책을 잘 읽는 아이, 정리를 잘하는 아이, 어려운 친구를 잘 도와주는 아이, 달리기를 잘하는 아이, 춤을 잘 추는 아이 등등 모든 아이들이 자기만의 삶을 긍정하게 될 겁니다.
 황병승이 녹음한 시디에는 바로 이렇게 해방된 개체들이 부르는 다양한 음악으로 가득 차 있습니다. 황병승의 전체 트랙을 듣기 전에, 잠시 보드리야르Jean Baudrillard, 1929~2007라는 탁월한 철학자의 이야기를 들어볼 필요가 있을 것 같습니다. 중심을 해체했을 때 드러나는 삶의

풍경을 보드리야르만큼 예민하게 주시했던 철학자도 없기 때문이지요.

사실 보드리야르는 자본주의가 우리를 어떻게 길들였는지를 예리하게 비판하는 책들로 유명한 철학자입니다. 《소비의 사회La Société de Consommation》, 《기호의 정치경제학 비판Pour une Critique de l'Economie Politique du Signe》, 그리고 《생산의 거울Le Miroir de la Production》에서 그는 수족관에 갇힌 낙지처럼 자본주의 소비사회에 포획된 우리의 슬픈 자화상을 묘사했습니다. 냉정한 진단 뒤 보드리야르는 말년에 이르러 조심스럽게 치료의 전망을 내놓게 됩니다. 어떻게 하면 허용된 자유 속에서 자유롭다고 착각하는 인간에게 진정한 자유를 안겨줄 수 있을까요? 1999년에 나온 《불가능한 교환L'Échange impossible》은 바로 이런 이유로 출간된 책입니다. 자본주의적 삶의 대안으로 출간한 자신의 책이 난해하다고 느낀 걸까요? 그는 2000년에 《암호Mots de passe》라는 책을 연이어 출간합니다. 암호는 컴퓨터의 패스워드와 같은 겁니다. 그러니까 《불가능한 교환》에 접속할 수 있는 패스워드와 같은 것이 바로 《암호》라는 책인 셈입니다.

아쉽게도 《불가능한 교환》보다는 쉽지만, 《암호》는 그 자체로 놓고 보았을 때 결코 쉬운 책은 아닙니다. 그렇지만 보드리야르 읽기의 어려움은 그의 문제라기보다는 자본주의라는 늪에 너무 깊이 빠져 있는 우리 자신 때문이라는 점을 잊어서는 안 됩니다.

교환의 환상이 작동하려면, 모든 것은 어디에선가 지시 대상이나 등가물을 가져야만 한다. 다시 말해서 가치의 항으로서 교환의 가능성을 지녀야 한다는 것이다. 이와 반대로 교환되지 않는 것은 과장해서 말하면 바타이유가 말했던 '저주받은 몫La part Maudite'이 될 것이다. ― 그래서 그것을 축소시켜 버리려는 기도가 발생하는 것이다. 나로서는 우리의 모든 노력에도 불구하고 이 '불가능한 교환échange impossible'이 도처에 존재한다고 생각한다.

― 〈암호〉

현대 사회를 성찰했던 보드리야르에게 자본은 우리를 지배하는 가장 강력한 중심이었습니다. 한 알의 사과는 한 통의 생수와는 '질적으로' 다른 겁니다. 그렇지만 한 알의 사과는 한 통의 생수와 교환될 수도 있습니다. 보드리야르의 말을 빌리자면, 이 경우 사과의 "지시 대상이나 등가물"은 생수라고 할 수 있을 겁니다. 교환의 환상을 유지하기 위하여 자본주의는 교환되는 두 가지 항에서 동일성identity 혹은 일반성generality을 발견해야만 합니다. 그것이 바로 화폐입니다. 사과나 생수에 동일한 가격, 즉 천 원이 매겨진다면, 구태여 생수를 직접 들고 가서 사과와 바꿀 필요도 없습니다. 나아가 사과 이외에도 천 원의 가격이 매겨진 다른 것을 구입할 수도 있고요. 바로 이 점이 교환의 논리에서 화폐가 가진 필요성입니다.

들뢰즈의 용어를 빌리자면, 이렇게 교환에만 관심을 가지는 경우 우리는 사과와 생수를 단독성singularity이 아니라 특수성particularity으로 본다고 할 수 있습니다. '단독적인' 것으로 사물을 본다는 것은 그것을 '교환 불가능한' 것으로 본다는 것을 의미합니다. 반면, '특수한' 것으로 사물을 본다는 것은 그것을 '교환 가능한' 것으로 본다는 것을 뜻합니다. 자본주의는 화폐가 상품보다 우월하지 않으면 작동할 수 없는 체제입니다. 당연히 아무리 많은 돈을 주어도 상대방이 팔려고 하지 않는 상품은 자본주의로서는 골치 아픈 것일 수밖에 없습니다. 돈보다 우월한 상품, 그러니까 이제 상품이라고 부를 수도 없는 것은 자본주의로부터 저주를 받을 수밖에 없을 겁니다. 보드리야르가 '저주받은 몫'이라는 바타이유의 개념에 주목하는 것도 바로 이 개념이 이런 단독적인 것들을 가리키기 때문입니다.

'저주받은 몫', 혹은 '단독적인 것'의 사례를 한번 생각해볼까요. 사랑하는 애인으로부터 받은 시집, 돌아가신 아버지가 유품으로 남겨준 그림 등등. 사실 두 경우 모두 교환은 교환이라고 할 수 있습니다. 그렇지만 무엇인가 이상한 교환입니다. 교환이라면 A를 주고 B를 받는 것인데, 이 두 경우에는 일방적인 주어짐만이 존재하기 때문입니다. 그렇습니다. 사랑이나 우정과 같은 인간적 관계에서 마음을 표현하기 위해 선물을 주고받는 것은 자본주의 입장에서 이해하기 힘든 교환이라고 할 수 있습니다.

보드리야르는 선물을 '불가능한 교환'이라고 합니다. 그것은 교환이 불가능하다는 것이 아니라 '자본주의 입장에서는 불가능한' 교환이라는 의미입니다. 그렇지만 시집을 받은 사람이나 그림을 받은 사람은 자본으로부터 강한 유혹을 받을 수 있습니다. 시간이 지나 시집이나 그림은 가격이 천정부지로 뛰어오를 수도 있기 때문입니다. 이럴 때 돈을 가진 사람이 그들에게 접근하여 유혹할 겁니다. "1억을 줄 테니 시집을 넘기세요." "10억을 줄 테니 그림을 넘기세요." 상인의 유혹에 넘어가는 순간, 단독적인 시집은 특수한 시집으로, 단독적인 그림은 특수한 그림으로 변질되고 말 겁니다. '불가능한 교환'이 '가능한 교환'으로 바뀌는 순간이지요.

・3・

저주받은 채로 혹은 배척된 채로

　보드리야르는 "불가능한 교환이 도처에 존재한다"라고 확신했던 사람입니다. 그렇지만 자본주의는 '불가능한 교환'을 모두 '가능한 교환'으로 바꾸면서 모든 것이 교환 가능하다는 환상을 우리에게 주입하려고 합니다. 오직 그럴 때에만 화폐가 상품보다 우월한 지위를 유지할 수 있을 테니까요. 자본주의의 내적 논리를 파악했다면, 우리가 자본주의로부터 벗어나는 것은 그리 어려운 일도 아닐 겁니다. 가능한 교환을 불가능한 교환으로 바꾸면 됩니다. 다시 말해 모든 것들을 선물로 주고받으면 된다는 것이지요. 만약 이것이 가능하다면 자본이란 중심은 아주 손쉽게 해체될 수 있을 겁니다.
　불행히도 자본주의가 우리에게 건 주문은 너무도 강력한 것 같습니다. 이미 할아버지가 된 보드리야르가 강연과 집필을 쉬지 않았던 것도 이런 이유에서일 겁니다. 주문에 걸린 불쌍한 우리를 깨우려고 노심초사했던 그의 모습이 안타깝기까지 합니다.

극단적인 경우에 사람들은 세계 자체를 불가능한 교환으로 사유할 수도 있을 것이다. 세계는 교환될 수 없는 것이다. 총괄적으로 보면 세계는 아무데서도 등가물을 갖지 않기 때문이다. 모든 것이 세계의 일부를 이루기 때문에, 그것이 가치로서 평가되고 비교되고 측정될 수 있는 외적인 것이라는 것은 전혀 존재하지 않는다. 어떤 방식으로든 세계는 가치를 지니지 않는다. 하지만 무엇인가 명명되고 코드화되고 계산되는 순간부터 사람들은 교환의 순환을 다시 발견하게 된다. 그 순간부터 '저주받은 몫'은 가치가 되어버린다.

— 〈암호〉

　세계의 모든 것은 불가능한 교환, 그러니까 우리에게 선물로 주어진 겁니다. 들판에 핀 이름 모를 들꽃도, 머리카락을 부드럽게 애무하는 한 줄기 바람도, 하늘을 여유롭게 떠다니는 구름도 모두 그렇습니다. 오늘 본 들꽃은 작년의 들꽃이 아니고 내년에 필 들꽃도 아닙니다. 지금 맞고 있는 한 줄기 바람은 다시는 만날 수 없는 바람입니다. 그리고 솜사탕처럼 뭉글거리는 저 구름을 다시 보는 일도 아마 영원히 없을 겁니다. 이 모든 것들은 모두 단독적인 것, 그러니까 교환 불가능한 것이지요. 사람도 마찬가지 아닐까요? 지금 우리와 함께 이 세계 속에 살고 있는 모든 사람들은 단 한 번뿐인 소중한 삶을 영위하고 있는 단독적인 존재들이기 때문입니다.

　교환 가능성은 공동된 가치, 즉 일반성generality을 전제하고 있습니다. 화폐가 인간을 포함한 모든 사물들을 교환 가능한 것으로 만드는 척도로 기능하는 것처럼 인종, 민족, 국적, 성별, 지연, 학연 등등도 교환 불가능한 개체들을 교환 가능한 것으로 만듭니다. 인간을 초월한다고 생각되는 다양한 가치들은 교환 가능성이란 환상이 없다면 지금처럼 강력한 지배력을 결코 행사할 수 없을 겁니다. 물론 어느 경우든 교환 가능성이란 인간이나 사물에 어떤 '가치'가 있다고 전제해야만 하지요. 당연히 화폐나 초월적 가치를 벗어나기 위해서 우리는 자신을 포함한 모든 것들이 '무가치'하다고 주장해야만 합니다. '무가치'의 선언은 자본이나 권력으로 자신을 교환할 수 없다는 선언입니다. 그러니까 이것은 자신과 모든 것의 단독성을 절대적으로 긍정하는 선언인 셈이지요. 오직 이럴 때에 우리는 '저주받은 몫'으로서 자신의 삶을 회복할 수 있습니다.

이제 〈트랙과 벌판의 별〉이란 시디에서 울려 퍼지는 황병승의 노래들이 귀에 들어오시나요? 거기에 담긴 13곡은 모두 삶의 교환 가능성과 교환 불가능성 사이에서 휘청거리는 사람들의 군상을 다양한 시선으로 노래하고 있습니다. 물론 황병승은 바타이유나 보드리야르와 마찬가지로 삶이란 교환 불가능하다는 입장을 견지하고 있습니다. 그래서 그의 시디 중 마지막 트랙, '배척된 채로'라는 곡은 매우 중요합니다. 시인이 자신의 속내를 있는 그대로 드러내고 있기 때문이지요. 자본이나 권력으로부터 가치를 인정받으려는 순간, 우리는 자본과 권력에 휘둘리게 됩니다. 그래서 반복될 수 없는 자신의 삶을 긍정하기 위해 우리는 '배척된 채로' 삶을 살아내야만 합니다. 단독적인 삶은 교환 불가능한 것이고, 당연히 자본이나 권력으로부터 '저주받고' '배척되는' 삶일 수밖에 없기 때문이지요. 시인은 확신합니다. 우리는 기꺼이 배척과 저주를 감당해야만 한다고 말이지요. 오직 그럴 때에만 우리는 자본과 권력이란 중심을 해체하고 스스로 설 수 있을 겁니다. 그리고 마침내 우리는 외치게 되겠지요. "우리에겐 우리들만의 승리가 있다!"

더 읽어볼 책들

황병승, 《트랙과 들판의 별》, 문학과지성사, 2007년

황병승의 시집 《여장남자 시코쿠》(랜덤하우스, 2005년)가 출간되었을 때 평론가들은 당혹스러웠다. 어떤 시선으로 이 엽기적인 시들과 시인의 속내를 엿보아야 할까? 남성 시인임에도 황병승은 여성적 시선으로 자신뿐만 아니라 모든 것을 응시하고 있다. 남성이 여성이 되는 것은 가능한 것일까? 황병승은 모든 남자의 로망인 여성의 속내에 진짜로 진입한 것일까? 아니면 여성의 시선을 흉내 내는 제스처만 취하는 것일까? 그렇지만 모든 인간의 내면에는 애초부터 여성성과 남성성이 공존한다는 프루스트의 말이 옳다면, 황병승 시인의 시 세계는 그렇게 난해한 것도 혹은 기이한 것도 아닐 것이다. 200쪽 가까운 이 시집에서도 황병승 시인의 여성적 자아는 동일성의 세계에 저항하는 소수자의 목소리로 세상을 때로는 서럽게, 때로는 밝게 노래하고 있다. 과거보다 더 성숙한 여성으로서 말이다.

보드리야르, 배영달(옮김), 《암호》, 동문선, 2006년

1999년 프랑스에서 출간된 보드리야르의 책 《불가능한 교환》은 그의 회심의 역작이다. 이 책이 나오기까지 그는 마치 외과 의사가 엑스레이 사진을 판독하듯 냉정하고 집요하게 자본주의의 내적 논리를 추적해왔다. 그리고 마침내 보드리야르는 마침내 자본주의의 교환 논리를 붕괴시킬 수 있는 새로운 교환 논리를 우리에게 제안한다. 그것이 바로 '불가능한 교환', 즉 '자본주의 입장에서는 불가능해 보이는 교환'이다. 이미 자본주의에 골수까지 길들여진 우리에게 '불가능한 교환'은 너무나 이해하기 힘든 이야기다. 죽을 날이 얼마 남지 않은 보드리야르가 자신의 야심작《불가능한 교환》에 들어갈 수 있는 '패스워드', 즉《암호》라는 작은 소책자를 쓴 것도 이런 이유에서다.

강신주, 《상처받지 않을 권리-욕망에 흔들리는 삶을 위한 인문학적 보고서》, 프로네시스, 2009년

《상처받지 않을 권리》는 자본주의와 인간의 욕망을 분석한 내 책이다. 원래 제목으로 생각했던 것은 '자본주의로부터 상처받은 삶에 대한 인문학적 보고서'였는데, 편집자가 과감하고 단호하게 현재의 제목으로 바꾸었다. 〈창문 너머 어렴풋이 옛 생각이 나겠지요〉라는 대중가요의 제목을 연상하면서 인문학 서적의 제목도 길 필요가 있다고 생각했는데, 편집자의 면박에 그만 두 손을 들고 말았다. 이 책의 4부는 '건강한 노동을 선물하기-유하 vs 보드리야르'라는 제목을 가지고 있다. 유하 시인의 시와 보드리야르의 철학을 교차하면서 나는 자본주의의 대안을 모색하려고 했다. 보드리야르의 철학을 쉽게 설명해서 독자들에게 많은 도움이 될 것이다.

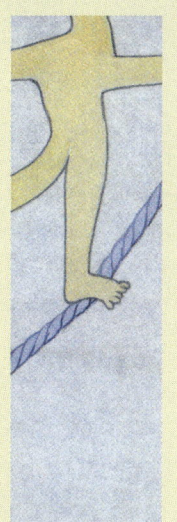

chapter 14

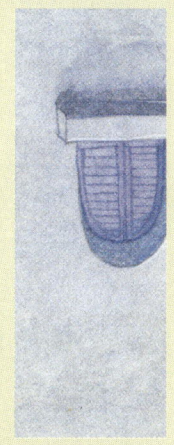

자유와 한계의 변증법

•

허연과 카뮈

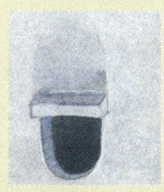

나쁜 소년이 서 있다
허연

세월이 흐르는 걸 잊을 때가 있다. 사는 게 별반 값어치가 없기 때문이기도 하지만 파편 같은 삶의 유리 조각들이 처연하게 늘 한자리에 있기 때문이다. 무섭게 반짝이며

나도 믿기지 않지만 한두 편의 시를 적으며 배고픔을 잊은 적이 있었다. 그때는 그랬다. 나보다 계급이 높은 여자를 훔치듯 시는 부서져 반짝였고, 무슨 넥타이 부대나 도둑들보다는 처지가 낫다고 믿었다. 그래서 나는 외로웠다.

푸른색. 때로는 슬프게 때로는 더럽게 나를 치장하던 색. 소년이게 했고 시인이게 했고, 뒷골목을 헤매게 했던 그 색은 이젠 내게 없다. 섭섭하게도

나는 나를 만들었다. 나를 만드는 건 사과를 베어 무는 것보다 쉬웠다. 그러나 나는 푸른색의 기억으로 살 것이다. 늙어서도 젊을 수 있는 것. 푸른 유리 조각으로 사는 것.

무슨 법처럼, 한 소년이 서 있다.
나쁜 소년이 서 있다.

· 1 ·

반항이란 푸른 유리 조각을
가슴에 품은 시인

　2010년이 서서히 마무리되어가던 때 일입니다. 당시 인사동 근처 정독도서관에서 인문학 특강을 한 적이 있습니다. 인문학 책 읽기를 좋아하는 여성들의 모임이었습니다. 두 차례에 걸친 강연이 끝났지만, 이야기를 더 하고 싶다는 아쉬움이 진하게 남았던가 봅니다. 그래서 우리는 도서관에서 가까운 식당에 들어갔습니다. 강연에서 미처 하지 못했던 이야기들을 나누고 있을 때, 갑자기 한 여성이 내게 시집 한 권을 부끄러운 듯이 건네주고 식당을 부리나케 떠나는 겁니다. 얼굴을 확인할 틈도 주지 않은 순간적인 사건이었습니다. 다른 사람과 이야기에 몰입하다가 기습을 당한 꼴이었지요.

　모임이 끝난 뒤 홀가분한 마음으로 카페에 들어가서, 선물로 받은 시집을 꺼내들었습니다. 2008년에 민음사에서 출간된 《나쁜 소년이 서 있다》는 허연許然 1966~ 시인의 두 번째 시집이었습니다. 표지를 넘기자마자 정갈한 글씨가 한 구절 보였습니다.

강신주 님께.

남 먼저 착해진 시인들 틈에서, 반쯤 무릎이 꺾인 채로 '나쁜 소년'이고자 하는 이 시인의 안간힘. 조그만 안간힘 앞에 부끄러웠던 날을 기억하게 해 주셨어요. 감사하는 마음으로 드립니다.

2010. 현희

"거짓말이 없다는 것은 현대성보다도 사상보다도 백배나 더 중요한 일"이라는 김수영의 정신을 강조하면서 강의를 진행했던 것으로 기억합니다. 자신의 소시민적 나약함을 있는 그대로 직면하여 그것을 넘어서려고 했던 시인의 정신이야말로 인문정신을 상징한다고 할 수 있습니다. 어떤 어려움에도 굴하지 않고 당당하고 정직하게 자신의 삶을 표현하지 않는다면, 자유를 갈망하는 인문정신이란 생각할 수도 없기 때문이지요. 현희라는 이름을 가진 여성은 내게서 혹은 내 강의에서 허연 시인이 말한 '나쁜 소년'의 이미지를 발견했던 것 같습니다. 그렇지 않았다면 내게 허연 시인의 시집을 선물했을 리 없을 겁니다. 또 동시에 현희라는 분은 내가 강조했던 김수영의 정신에서 허연 시인의 이미지를 찾아냈던 것이라고 할 수 있지요.

김수영을 좋아하는 내가 어떻게 허연 시인의 시집을 넘기지 않을 수 있겠습니까? 시집 제일 처음에 등장하는 시가 나를 일순간 멍하게 만들었습니다. 〈간밤에 추하다는 말을 들었다〉는 시였습니다.

배고픈 고양이 한 마리가 관절에 힘을 쓰며 정지 동작으로 서 있었고 새벽 출근길 나는 속이 울렁거렸다. 고양이와 눈이 마주쳤다. 전진 아니면 후퇴다. 지난밤이 고스란히 남아 있는 나와 종일 굶었을 고양이는 쓰레기통 앞에서 한참 동안 서로의 눈을 바라보며 서 있었다. 둘 다 절실해서 슬펐다.

"형 좀 추한 거 아시죠."
얼굴 도장 찍으러 간 게 잘못이었다. 나의 자세에는 간밤에 들은 단어가 남아 있었고 고양이의 자세에는 오래전 사바나의 기억이 남아 있었다. 녀석이 한쪽 발을 살며시 들었다. 제발 그냥 지나가라고. 나는 골목을 포기했고 몸을 돌렸다. 등 뒤에선 나직이 쓰레기봉투 찢는 소리가 들렸다. 고양이와 나는 평범했다.

간밤에 추하다는 말을 들었다.

야생의 세계에서 두 동물이 직면할 때가 있습니다. 두 동물은 한동안 서로를 응시합니다. 그렇지만 어느 정도 시간이 지나면 눈을 돌리는 동물이 나타나게 마련입니다. 그건 상대방에게 기선을 빼앗겼다는 뜻입니다. 쓰레기봉투를 뒤져 목숨을 부지하는 고양이에게 허연 시인은 완패를 한 겁니다. 먼저 몸을 돌렸기 때문이지요. 비록 인간 사회 근처에서 쓰레기봉투나 뒤지며 살게 된 운명이지만, 고양이는 자유로운 존재입니다. 아직도 "오래전 사바나의 기억", 즉 자유의 기억을 잊지 않고 있기 때문입니다. 반면 쓰레기봉투를 뒤지는 것은 아니지만, 그리고 겉으로는 지적인 것처럼 보이지만, 시인은 자신이 추하다는 것을 잘 알고 있습니다. 그것은 시인이 자유를 잃어버렸다는 사실을 직감하고 있기 때문일 겁니다. 더군다나 간밤에 시인은 후배에게 추한 모습을 들키는 난처한 일도 당했습니다. "형 좀 추한 거 아시죠."

  자신이 추함을 안다는 것, 그것은 시인이 부끄럽지 않은 당당한 모습을 잊지 않고 있다는 것을 말합니다. 그렇기 때문에 그는 결코 추하지 않습니다. 대부분의 경우 추하다는 것을 아는 사람은 추하지 않고, 추하지 않다고 하는 사람은 추한 법이기 때문입니다. 마침내 나는 현희 씨가 내 강의에서 왜 허연 시인의 이미지를 떠올렸는지 이해하게 되었습니다. 정직하게 생각하고 행동하려는 김수영 시인과 마찬가지로 허연 시인도 각오를 다집니다. "푸른색의 기억으로 살 것이다. 늙어서도 젊을 수 있는 것. 푸른 유리 조각으로 사는 것." 시인이 '나쁜 소년'을 자처하는 것도 이런 이유에서입니다.

  모든 사람이 이구동성으로 떠들 때 시인은 침묵합니다. 반대로 모든 사람이 한결같이 침묵할 때 시인은 홀로 떠들 수가 있습니다. 당연히 시인은 '나쁜' 사람으로 낙인찍힐 수밖에 없을 겁니다. 그에게는 '푸른 유리 조각'이 있기 때문입니다. 자신만이 아니라 다른 사람도 '나쁘게' 살라고, 다시 말해 '푸르게' 살라고 아프게 찌르고 들어오는 유리 조각 말입니다.

• 2 •

반항하지 않는다면
나는 아무것도 아니다

김수영 시인과 마찬가지로 허연 시인도 나쁜 소년이 되고자 합니다. 기존의 질서에 순종하지 않고 자신의 자유를 추구하니까 진정한 시인들은 모두 나쁜 소년일 수밖에 없을 것 같습니다. 카뮈Albert Camus, 1913~1960라면 분명 '나쁜 소년' 혹은 '푸른 유리 조각을 가슴에 품고 있는 인간'을 '반항하는 인간l'homme révolté'이라고 불렀을 겁니다. 1960년 자동차 사고로 허망하게 우리를 떠난 카뮈는 사르트르Jean-Paul Sartre, 1905~1980와 함께 프랑스 실존주의existentialism 철학을 대표하는 철학자입니다. 구조주의structuralism가 등장하면서 실존주의는 죽은 개가 되었다고 치부하는 사람들이 많습니다. 실존주의가 인간의 자유를 긍정하는 논의였다면, 구조주의는 인간의 사유와 행동이 특정 구조의 효과에 지나지 않는다고 이야기합니다. 그러니까 구조주의는 인간의 자유도 구조가 허용한 자유에 지나지 않는다고 주장합니다.

우리가 잊어서는 안 될 것이 있습니다. 그것은 우리를 지배하는 구

조를 발견하기 위해서 무엇보다도 먼저 자유로워야 한다는 사실입니다. 자신이 가진 모든 능력을 시험해본 사람이 한계에 직면했을 때, 그는 자신을 옥죄고 있는 구조를 발견할 수 있는 법입니다. 현대 프랑스 철학사의 흐름이 실존주의로부터 구조주의로 이행할 수 있었던 것도 이런 이유에서일 겁니다. 우리가 고민해야 할 것은 바로 이 자유와 한계, 혹은 실존과 구조 사이의 역동적인 관계입니다. 구조나 한계에 직면한 사람은 자유로운 사람이고, 자유로운 사람만이 구조나 한계에 직면할 수 있습니다.

한계에 직면하는 순간, 드디어 우리의 자유는 진정한 시험에 빠지게 됩니다. 이런 시험의 순간 누군가는 말할 수 있습니다. "지금까지 올 수 있을 만큼 왔으니, 이제 한계를 받아들일 필요가 있다"고 말입니다. 반면 누군가는 다른 생각을 가질 수도 있습니다. "바로 이 한계에 직면하기 위해서 지금까지 이만큼 온 것이다. 이제 이 한계를 뛰어넘도록 하자. 그것이 바로 자유니까"라고 말입니다.

바로 이 후자의 길을 선택한 사람이 카뮈입니다. 그러니까 실존주의, 특히 카뮈의 철학이 인간의 자유를 절대적으로 긍정했다는 식으로 이해해서는 안 됩니다. 오히려 그만큼 인간이 가진 한계를 직시했던 철학자도 없기 때문입니다. 그가 말한 부조리l'absurde란 바로 이런 맥락에서 나온 겁니다. 카뮈에 따르면, 인간은 자유로울 때 한계에 직면할 것이고, 나아가 한계에 직면했을 때 그것을 뛰어넘어야 하는 존재입니다. 한마디로 인간은 '반항하는 인간'일 수밖에 없다는 겁니다.

반항하는 인간은 누구인가? '농(non; no)'이라고 말하는 사람이다. 그는 거부하지 체념하고 포기하지 않는다. 그는 동시에 자신의 반항 운동의 시초부터 '위(oui; yes)'라고 말하는 사람이기도 하다. (……) 이처럼 반항 운동은 참을 수 없는 것이라고 판단되는 침해에 대한 절대적 거부에 근거해 있음과 동시에, 정당한 권리에 대한 막연한 확신, 보다 정확하게는 반항하는 사람이 가지는 "~할 권리가 있다"는 느낌에 근거해 있다. 반항은 어떤 식으로든 그리고 어떤 곳에서든 스스로 옳다는 감정 없이는 일어나지 않는다. 반항하는 노예가 '농'과 동시에 '위'를 말하는 것은 이런 의미에서다. 그는 경계선을 인정하는 동시에 그가 짐작하여 경계선의 이편에 유지하고자 하는 모든 것을 긍정한다. 그는 자기 속에 "애써 ~할 만한 가치가 있는" 어떤 것, 사람들의 주의를 요구하는 어떤 것이 있다는 사실을 열심히 증명하려고 한다.

— 《반항하는 인간》

노예가 어느 날 주인에게 '아니오'라고 이야기할 때가 있습니다. 혹은 아이가 부모에게 '아니오'라고 이야기할 때도 있습니다. 어느 경우든 주인이나 부모의 생각에 반대하는 겁니다. 그렇지만 이런 반항이 가능하려면 노예나 아이는 '스스로 옳다'는 감정이나 느낌을 가지고 있어야만 합니다. 그래서 카뮈는 반항이란 행위 속에는 '예'와 '아니오'라는 경계선이 발생한다고 이야기했던 겁니다. 자신이 옳다고 생각하는 것을 단호하게 긍정하지 못한다면, 노예나 아이가 주인이나 부모의 의견에 부정을 나타낼 수는 없는 법이니까요. 그렇지만 돌아보세요. 노예나 아이는 반항이란 행동을 시작하기 전에는 주인이나 부모의 의견을 아무런 저항 없이 수용했다는 사실을 말입니다. 이렇게 타인의 의견을 맹목적으로 따라서 자신의 생각이나 행동을 결정할 때, 나는 나 자신으로 살고 있다고 할 수 없을 겁니다.

밀면 밀리고 당기면 당겨지는 문과 같은 존재가 어떻게 자유로운 존재, 스스로 행동을 개시하는 존재일 수 있겠습니까? 그래서 카뮈는 반항할 때 인간 개개인에게는 자신에 대한 의식, 즉 자의식self-consciousness이 깨어난다고 말했던 겁니다.

> 의식의 자각은 반항 운동으로부터 태어난다. 말하자면 인간의 내부에 비록 일시적일망정 인간이 동화될 수 있는 무엇인가가 있다는 문득 번득이는 자각, 이런 동화는 이제까지 현실적으로 느껴보지 못한 것이었다. (……) 처음에는 극한 상황에 처한 인간의 어쩔 도리 없는 저항이었던 것이 이제는 저항과 일체화되고 저항으로 요약되는 하나의 온전한 인간이 된다. 다만 존중받게 하고 싶었던 자기 속의 그 부분, 반항하는 인간은 그래서 그것을 다른 어떤 것보다 상위에 위치시키게 되며, 다른 어떤 것보다, 심지어는 생명보다 더 소중한 것이라고 선언하게 된다. 그 부분은 그의 경우 최고선이 된다. 이전에 타협 속에 안주하던 노예가 대번에 '전체'나 '무'냐의 결단 속으로 돌진한다. 의식이 반항과 함께 태어나는 것이다.
>
> ─ 《반항하는 인간》

"오직 죽은 물고기만이 물결을 따라 흘러간다"라는 말이 있습니다. 산 물고기처럼 인간도 자신의 자유를 가로막는 타자에 맞서 저항할 수 있습니다. 그렇습니다. 카뮈가 말한 것처럼 자신의 자유를 억압하는 타자에게 '아니오'라고 외치며 반항하는 순간, 나는 자신의 가치와 내가 옳다는 신념에 대해 '예'라고 긍정하게 됩니다. 이것이 가능한 것은 내가 "존중받게 하고 싶었던 자기 속의 그 부분"을 의식했기 때문이지요. 결국 이런 소중한 부분을 의식한 인간은 자신의 고유성을 지키기 위해서 죽음을 선택할 수도 있습니다. 노예로 사느니 차라리 자유로운 죽음을 선택하는 겁니다.

이처럼 자신은 이렇게 대접받아서는 안 된다는 의식은 타자의 부당한 명령에 저항할 때 가장 명료하게 의식되는 법입니다. 사실 헤겔이 말했던 것처럼 내가 나로 의식된다는 것, 즉 자의식은 내가 타자와 다르다는 의식과 분리할 수 없는 겁니다. 타자의식과 자의식이 동전의 양면처럼 기능하는 것도 이런 이유에서입니다. 나를 의식했다는 것은 내가 타자와 다르다는 것을 의식한다는 것이고, 나와 다른 타자를 의식한다는 것은 내가 나만의 고유성을 의식한다는 것에 다름 아니기 때문입니다.

· 3 ·

나는 반항한다, 그러므로 우리는 존재한다

　인간은 반항 속에서만 인간일 수 있다는 카뮈의 통찰은 매우 중요합니다. '예'와 '아니오'의 경계선, 그러니까 반항하는 순간, 우리는 자신이 느낀 것, 욕망하는 것, 혹은 앞으로 어떻게 살아야만 하는지를 고민하게 됩니다. 이때만큼 우리가 자신에 대해 많이 의식하는 순간도 없을 겁니다. 이제 우리는 자의식을 가진 인간으로 성장한 겁니다. 그리고 마침내 우리는 지금까지 자신의 삶을 통제했던 타자나 구조를 향해 당당하게 외칠 수 있습니다. "이제 됐거든!" "굿바이!" 물론 반항의 속내를 자신의 가슴 깊은 곳에 묻어둘 수도 있습니다. 이 경우 우리는 우울함을 견디는 삶을 선택하는 겁니다. 그렇지만 너무 불행한 일 아닌가요? 자신의 삶을 긍정했던 사람이 실제 생활에서는 자신의 삶을 부정하는 것처럼 살아간다는 것, 이런 위선적인 삶만큼 불행한 일도 없을 겁니다.

　카뮈가 개인적인 반항에만 신경을 쓰고 있다고 비판해서는 안 됩니다. 카뮈는 연대적 반항 혹은 반항의 연대성에 대해서도 숙고했기 때문입니다. 그에 따르면, 개인의 반항은 언제든지 우리의 반항으로 확장될 수 있는 폭발력을 가지고 있습니다.

> 반항은 단지 압박받는 사람한테서만 태어나는 것이 아니라, 타인이 압박의 희생이 되는 광경을 목격할 때에도 태어날 수 있다는 사실에 주목하자. 그러므로 이 경우 타인과의 동일화가 있게 된다. 그리고 이 경우의 동일화는 개인으로 하여금 박해가 자기 자신에게 가해지는 것이라고 착각하게 만드는 속임수, 즉 심리적 동일화가 아니라는 사실을 분명히 밝혀두어야 한다. 그 반대로 우리들 자신이 반항하지 않고 당해왔었던 박해가 타인에게 가해지는 것을 보고 오히려 견디지 못할 수 있는 것이다. (……) 인간의 연대성은 반항 운동에 근거를 두고 있고, 반항 운동은 역으로 이 공범 관계 속에서만 정당성을 발견한다. 그러므로 우리는 이 연대성을 부정하고 파괴하려드는 일체의 반항은 동시에 반항이라는 명칭을 잃게 되며, 사실상 살인에의 동의나 매한가지가 되어버린다고 말해도 좋다.
>
> ─ 《반항하는 인간》

핍박받는 사람만이 반항하는 것은 아닙니다. 오히려 타인이 핍박받을 때도 우리는 반항할 수 있기 때문입니다. 자신이 직접 핍박받고 있지 않지만, 우리가 핍박받는 타인을 위해 반항하는 것은 무슨 이유에서일까요? 카뮈는 그것을 심리적 동일화로 설명해서는 안 된다고 이야기합니다. 그는 타인이 당하는 핍박이 "우리들 자신이 반항하지 않고 당해왔던 박해"를 자각하게 만들어주는 결정적인 계기로 작동할 수 있다는 사실에 주목합니다. 바로 카뮈의 통찰에는 억압이 보편적이고 구조적으로 일어난다는 그의 속내가 전제되어 있습니다. 실존주의가 구조주의로 나아가는 데는 한 걸음도 필요하지 않았다는 사실을 알려주는 대목이라고 할 수 있을 겁니다.

여기서 한 가지 더 숙고해보아야 할 것이 있습니다. 그것은 카뮈가 반항의 연대성에 대해 한 가지 단서를 달고 있는 부분입니다. 구조적 억압에 맞선 반항의 연대 활동 자체를 반항의 대상으로 삼아서는 안 된다는 겁니다. 반항의 연대성이 개개인의 반항에 힘을 실어줄 수 있다는 카뮈의 현실감각이 번뜩이는 대목이라고 할 수 있지요. 반항의 연대를 반항이란 명목으로 와해시킨다면, 반항하고 있는 인간들은 콩가루처럼 흩어져서 자신들의 자유를 관철시키기는커녕 자신의 목숨도 보존하지 못하게 될 겁니다. 그래서 카뮈는 반항의 "연대성을 부정하고 파괴하려드는 일체의 반항은 동시에 반항이라는 명칭을 잃게 되며, 사실상 살인에의 동의나 매한가지가 되어버린다"라고 지적했던 겁니다.

부당한 권력에 맞서는 봉기의 날에 누군가 약속을 어기고 대열에 합류하지 않는다고 해보세요. 이것은 자유로운 저항처럼 보이지만, 결국 나머지 사람들이 권력에 도륙되도록 방기한 것에 지나지 않는 행동입니다. 그래서 모든 반항이 정당화될 수 없다는 카뮈의 지적은 매우 중요합니다. 고립된 반항이나 개인주의적 반항은 연대적 반항으로 승화되어 서로 공명해야만 합니다. 결국 카뮈에게 반항은 개인적이지만 동시에 집단적인 활동이라고 할 수 있습니다. 마르크스가 말한 "자유로운 개인들의 연합"으로서 코뮤니즘이 연상되는 대목이지요.

> 부조리의 경험에 있어 고통이란 개인적인 것이다. 반항 운동을 기점으로 하여 고통은 집단적인 것이라는 의식을 띠게 되고, 또 그것은 만인의 모험이 된다. (······) 우리의 일상적 시련 가운데 반항은 사고의 순서에 있어 '코기토cogito'와 같은 역할을 한다. 반항은 최초의 명증이다. 그리고 이 명증은 개인을 그의 고독으로부터 끌어낸다. 반항은 만인에 근거하여 최초의 가치를 정립시키는 공통의 토대다. '나는 반항한다, 그러므로 우리는 존재한다.'
>
> ─ 《반항하는 인간》

부조리를 경험할 때 발생하는 고통은 개인적인 것처럼 보이지만, 반항을 통해서 개인적인 고통은 집단적인 고통이라는 사실이 부각됩니다. 우리는 부조리에 대한 사적인 경험에 머물러 좌절하고 있어서는 안 됩니다. 부조리는 사실 구조적인 문제이기 때문입니다. 그렇기 때문에 반항은 매우 중요합니다. 그를 통해서 나의 고통은 우리의 고통으로 승화하고, 마침내 반항의 연대성이 만들어질 수 있기 때문이지요. 흩어져서 내면의 고독에 침잠할 때 억압받는 사람들은 자유를 얻을 수 없다고 절망하게 됩니다. 결국 반항도 포기하게 되겠지요. 그렇지만 단단히 뭉쳐 있을 때, 자유를 요구하는 그들의 반항은 구조가 감당하기 힘들 정도로 강해질 겁니다. 그래서 반항은 중요합니다. 카뮈의 말대로 "나는 반항하지만", 그 결과 놀랍게도 "우리는 존재할 수 있기" 때문입니다.

허연이란 나쁜 소년은 '예'와 '아니오'의 경계선에 서 있습니다. 그 경계선은 '유리 조각'의 날카로운 절단면 같아서 서 있기가 무척 힘이 듭니다. 그 날카로운 단면에 서 있으려는 것, 다시 말해 나쁜 소년으로 남겠다는 것. 허연 시인이 우리에게 중요한 이유가 바로 이것입니다. 그렇지만 나쁜 소년은 고독한 개인으로 머물러 있다는 인상을 지울 수가 없습니다. 왜일까요? 그것은 나쁜 소년이 반항하는 데까지 나아가지 않았기 때문입니다. 추하다는 후배의 말을 가슴에 새기고만 있는 시인의 모습이 안타까운 것도 이런 이유에서입니다. "됐거든"이라고 외치며 반항했다면, 시인은 알게 될지도 모릅니다. 날카로운 절단면에 서 있는 것이 시인 자신만이 아니라, 우리 이웃 대부분이라는 사실을 말입니다. 그렇지만 잊지는 마세요. 시인이 나쁜 소년으로서 시를 쓰고 있다는 사실 자체가 일종의 반항일 수 있다는 것을 말이지요.

더 읽어볼 책들

허연, 《나쁜 소년이 서 있다》, 민음사, 2008년

허연 시인은 《매일경제신문》 문화부 기자로 재직하고 있다. 모든 글쟁이들이 그렇지만, 글로만 생계를 유지하는 작가는 거의 없다. 그렇지만 글을 쓰기 이전에 인간이라면 자신의 생명을 유지할 줄 알아야 한다. 누군가에게 기생한다는 것은 인간으로서 무척 부끄러운 일이다. 하지만 글로 먹고 사는 것이나 신문사에 취직해 먹고 사는 것이나 무엇인가에 기생한다는 점에서 같은 것 아닐까? 비록 그렇더라도 자신으로 서 있지 않다면 삶을 당당하게 살아낼 수 없는 법이다. 이것은 자기만의 목소리를 내고자 하는 시인의 경우에는 더 엄격하게 적용되는 자세라고 할 수 있다. '자기만의 목소리'를 내는 순간, 우리는 나쁜 사람으로 낙인찍히기 쉽다. 그렇지만 허연 시인은 스스로 '나쁜 소년'으로 살기로 다짐한다. 그래서 우리는 이 시인을 좋아할 수밖에 없다.

까뮈, 김화영(옮김), 《반항하는 인간》, 책세상, 2003년

카뮈는 사르트르와 함께 프랑스 실존주의를 양분했던 위대한 문학가이자 사상가이다. 보통 카뮈의 사상이라고 하면 우리는 《시지프의 신화 Le Mythe de Sisyphe》(1942년)를 떠올리곤 한다. 언덕으로 애써 돌을

밀어올린 뒤, 시시포스Sisypos는 다시 언덕 아래로 돌을 굴릴 수밖에 없다. 어딘가 염세적인 냄새가 물씬 풍긴다. 그렇지만 책을 자세히 읽어보면 카뮈의 시시포스는 부조리한 상황에 저항하는 존재로 그려져 있다. 부조리한 상황에도 불구하고 그것에 저항할 수 있다는 그의 생각은 《반항하는 인간》에서 역사철학적 전망으로까지 승화된다. 물론 카뮈의 역사철학은 어떤 목적을 향해 진행되는 헤겔식의 역사철학은 아니다. 카뮈의 역사는 자기 자신의 긍정에 이르는 개별 인간의 저항을 통해 사후적으로 만들어지는 것이기 때문이다.

다니엘 벤사이드, 김은주(옮김), 《저항—일반 두더지학에 대한 시론》, 이후, 2003년
랑시에르의 아우라에 묻혀 주목을 덜 받고 있지만, 다니엘 벤사이드는 중요한 정치철학자다. 특히 벤사이드가 중요한 이유는 그가 현대 정치철학의 쟁점을 철학사적 안목에서 성찰할 수 있는 능력을 가지고 있기 때문이다. 그의 주저 중 하나인 《저항》의 부제에는 '두더지'라는 개념이 등장하고 있다. 두더지는 땅 속에서 은밀히 움직이다가 예기치 않은 순간 땅 위로 솟구쳐 올라 기존 질서를 뒤흔드는, 저항하는 주체를 상징한다. 리드미컬한 운율로 쓰인 《저항》에서 벤사이드는 알튀세르, 데리다, 네그리 등 위대한 현대 철학자들이 결국 '두더지'로 상징되는 저항의 철학 형식을 만들었다고 논증한다. 카뮈의 《반항하는 인간》이 저항하는 주체를 숙고했다면, 벤사이드의 《저항》은 구체적으로 어떤 정세에 어떻게 저항하느냐는 타이밍에 초점을 맞추고 있다.

에필로그

1

 고등학교 시절이었습니다. 여름방학을 이용해 친구들과 지리산 산행을 시도했던 적이 있습니다. 예기치 않은 곳에서는 항상 예기치 않은 사건과 마주칠 수 있는 법입니다. 돌아보면 내 인생에서 결코 잊을 수 없는 두 가지 사건이 바로 이 지리산 산행에서 동시에 일어났기 때문입니다. 두 사건은 매번 살아내는 것이 힘들 때마다 다시 떠오르는 원초적 이미지로 나의 내면에 깊이 각인되어 있습니다.
 내 기억으로 지리산 산행을 결심한 것은 고등학교 2학년 때였나 봅니다. 일주일 산행의 목표는 물론 지리산 종주였습니다. 지금 지리산 종주는 해발고도 1,102미터인 성삼재에서 시작하는 것이 관례가 되었지만, 20여 년 전만 하더라도 지리산 종주의 클래식은 역시 화엄사에서 시작하여 노고단-임걸령-토끼봉-연하천-벽소령-세석평전-장터목에 이르는 능선을 거쳐 지리산 최고봉인 천왕봉에 이르고, 마지막에 중산리 방향으로 하산하는 것이었습니다.
 나를 포함한 네 명은 점심때가 한참 지난 뒤 섬진강이 휘돌아나가는 구례역에 도착했습니다. 화엄사로 들어가는 버스를 타고 노고단에 오르는 등산로 초입에 들어섰지만 시간이 어정쩡했습니다. 화엄사 쪽에서 1,507미터에 위치한 노고단 산장까지 오르려면 다섯 시간 정도 소요됩니다. 거기까지 가자니 애매한 지점에서 해가 질 것이 분명했습니다. 중간에 텐트 칠 곳도 마땅치 않았기에, 우리는 제3야영지라고 기억되는 곳에 텐트를 치고 일박을 할 수밖에 없었습니다. 잘 쉬고 노고단 등정은 다음날 아침 여유 있게 시도할 생각이었던 겁니다. 텐트 두 동을 치고 식사 준비를 했습니다. 친구가 가져온 낚시 바늘을 1미터 정도의 낚싯줄에 연결하고 나뭇가지로 임시방편의 낚싯대를 만들었습니다. 낚시에 지렁이를 끼워서 계곡의 깊은 웅덩이, 그러니까 소에 던져두고 20분 정도 기다리면 메기 등이 많이 잡히기 때문입니다. 폭포물이 수천 년을 쉬지 않고 떨어져서 그런지 소는 파랗다 못해 검은 빛을 띠고 있었지요.

  잠깐 딴생각을 하고 있었나 봐요. 나뭇가지 낚싯대를 그만 물에 빠뜨렸지 뭡니까. 신발을 벗고 바지를 걷어 올린 뒤 낚싯대를 줍기 위해 계곡물에 발을 담갔습니다. 낚싯대를 건지려면 한두 걸음 물속으로 걸어갈 수밖에 없었습니다. 그 순간 물속 바위가 미끄러워 그만 중심을 잃고 말았습니다. 폭포 바로 밑에 만들어진 모든 소가 그렇듯이, 내가 빠진 소도 표면과는 달리 속에서는 물이 격렬하게 요동치고 있었습니다. 그 자리에서 설 수만 있다면 물 밖으로 쉽게 나올 수 있었던 깊이로 기억됩니다. 그렇지만 도대체 중심을 잡을 수가 없었습니다. 갑자기 죽

에필로그

음의 공포가 밀려왔습니다. 물속이라 소리를 지를 수도 없었지요. 물속에서 바깥 풍경이 얼핏 보였습니다. 맑고 푸른 하늘, 계곡을 차양처럼 덮고 있는 나뭇가지들, 그리고 저 멀리 다른 바위에서 낚시를 하고 앉아 있는 친구의 모습 등등. '아! 이렇게 죽는구나.' 그 순간, 손 하나가 내 어깨 옷자락을 잡아당기는 겁니다. 친구의 손이었습니다.

"신주야. 너 뭐하는 거야, 위험하게!"

친구는 내가 순간적으로 삶을 포기할 정도로 위기 상황에 빠졌다는 것을 알지 못했던 것 같습니다. 그저 이상했던 겁니다. 수심 1.5미터도 안 되는 물속에 너무 오래 있는 것을 보고서 나를 끌어내었나 봅니다. 순간적으로 삶을 포기했던 탓으로 나는 마치 자궁 속의 아이처럼 철저하게 물에 몸을 맡기고 있었던 겁니다. 친구 눈에는 내가 허우적거리지 않은 것으로 보였을 테지요. 그러니 친구는 내가 위험한 장난을 치는 것으로만 보았던 겁니다. 무엇이 창피했던지, 나는 속내를 감추며 말했습니다.

"물속에서 바라본 바깥 풍경이 정말 근사한 것 같아."

이 사건 이후로 나는 물이라면 공포에 질릴 만큼 무서워하고 있습니다. 나아가 몸의 중심을 잃게 만드는 일체의 운동이나 놀이기구 등도 극도로 꺼리게 되었습니다. 몸의 중심을 잃는 순간, 과거 지리산 어느 소에서 느꼈던 공포감이 나를 완전히 지배하기 때문입니다. 어쨌든 삶을 포기하고 물속에서 굴절되어 보였던 지리산의 푸른 하늘만큼 서늘한 풍경을 본 적이 없습니다.

· 2 ·

 아무 일도 없었다는 듯이 식사를 마치고, 나는 텐트 안에 지친 몸을 뉘였습니다. 그제야 나를 살려준 친구에게 진심으로 고마운 마음이 들었습니다. 마치 새롭게 태어난 것 같았거든요. 그렇습니다. 나는 이제 더 이상 어제의 내가 아니었습니다. 몸이 내 마음대로 되지 않을 때의 불안감, 죽음의 공포가 엄습하는 위기감, 그리고 타인에게 구원받을 수 있다는 희망의 느낌 등, 이 모든 복합적인 느낌들이 물속에서 올려다본 푸른 하늘의 이미지로 나의 내면에 깊이 각인되었기 때문입니다. 그렇지만 이 순간 나는 지리산 산행이 더 강한 흔적을 새겨줄 수도 있다는 것을 전혀 예상하지 못했습니다.

 아침에 일어나 우리는 텐트를 걷고 드디어 노고단으로 향하는 길을 재촉했습니다. 다섯 시간 정도 지났을까. 노고단 산장이 우리 앞에 모습을 드러냈습니다. 조금만 걸어도 등산복에 물기가 촉촉해질 만큼 산장 주변은 안개 같은 구름이 자욱했습니다. 산행을 계속하는 것은 무리라고 판단한 우리는 산장 주변에 일찌감치 텐트를 치고 휴식을 취하기로 했습니다. 다음날 세석평전까지 강행군을 하기로 다짐하고 말입니다. 다음날 예정된 일정은 족히 열 시간이 넘는 능선 산행이었습니다.

 아침이 되자 다행히 날씨가 좋았습니다. 아침 식사를 마친 뒤 여덟 시 정도에 산행을 시작했습니다. 예상보다 더 힘든 산행이었습니다. 오르락내리락하는 능선 산행으로 우리는 진이 완전히 빠졌습니다. 다행스럽게도 해가 질 무렵 우리는 세석평전에 도착할 수 있었지요. 1,700미터 고지에 펼쳐진 광활한 고원이 어머니의 품처럼 우리를 반겼습니다. 세석평전 야영장에 텐트를 치고 서둘러 저녁 식사를 준비했습니다. 해가 뉘엿뉘엿 지고 있었지만, 물집이 생긴 발과 경련이 반복되는 다리로는 영 속도가 나지 않았습니다. 간신히 식사를 마치고 우리는 일찌감치 텐트 안으로 들어갔습니다. 이때까지만 해도 나는 이곳 세석평전에서 평생 잊지 못할 강렬한 이미지와 마주하리라고는 꿈에도 생각하지 못했습니다.

노곤해서 잠깐 잠이 들었나 봅니다. 잠결에 나지막한 탄성이 희미하게 들렸습니다. 피곤했지만 나도 모르게 일어나 텐트 밖으로 고개를 내밀었습니다. 야영장의 많은 사람들이 텐트 밖으로 나와 삼삼오오 모여 밤하늘을 보고 있었습니다. 당연히 나도 그들을 따라 하늘을 올려다보았습니다. 수천, 수만, 아니 수억 개의 별들이 다양하고 다채로운 빛을 발하는 장관이 펼쳐지고 있었습니다. 더군다나 그 별들 사이로 별들의 강, 그러니까 은하수가 모습을 드러내고 있었지요. 입이 저절로 벌어졌습니다. 뒤에 알았지만 이것이 숭고의 경험이라고 하더군요. 너무나 압도적이어서 말로 형언하기 힘든 장관을 만날 때 발생하는 감정이 숭고의 감정입니다. 칸트의 《판단력비판 Kritik der Urteilskraft》에 등장하는 생각입니다. 어쨌든 쉴 새 없이 떨어지는 유성도 은하수가 보여주는 장관 앞에서는 보잘 것 없는 사건에 지나지 않았습니다.

은하수로 날아간 내 마음은 한참이나 별들과 노닐었습니다. 별들과

•

함께 나는 아래를 내려다보았습니다. 저 멀리 까마득한 아래쪽에 작은 동산처럼 늘어서 있는 지리산 산군을 말이지요. 그리고 세석평전에서 별들을 올려다보느라 정신없는 아주 조그마한 내 자신을 보았습니다. 학교와 집을 오가며 일희일비했던 생활, 자존심과 열등감이 교차했던 한 소년의 내면, 심지어 어제 소에 빠져 죽을 뻔했던 사건마저도 너무나 초라하게 느껴졌습니다. 초월의 느낌이라고나 할까요. 아니면 내 삶을 상상할 수 없이 커다란 프레임으로 포착했다고나 할까요. 1980년대 대학을 다니며 동료들과 격렬한 시위에 참여했을 때도, 우정과 사랑을 때로는 서럽게, 때로는 행복하게 겪을 때에도, 나의 뇌리에서는 이때 보았던 광대한 은하수가 떠나지 않았습니다. 어쩌면 내가 전공을 바꾸어 철학을 공부하게 된 것도 고등학교 2학년 때 번개처럼 뇌리에 각인된 은하수의 이미지 때문인지도 모릅니다. 철학은 세상일과 씨름하는 다른 학문과 달리, 가장 높은 곳에서 우리 삶을 내려다볼 수 있는 시선을 제공하기 때문입니다.

· 3 ·

나는 행복한 사람입니다. 예언처럼 혹은 계시처럼 다가온 두 가지 이미지들을 선물로 받을 수 있었으니까 말입니다. 삶을 포기하면서 물속에서 보았던 지리산의 푸른 하늘, 그리고 내 자신을 아주 조그맣게 내려다볼 수 있도록 하늘로 나를 이끈 세석평전의 은하수. 그렇지만 이 이미지들은 지층이 쌓이듯 아래로 묻혀서 기억에서조차 희미해져 갔습니다. 대학을 다닐 때, 친구들 몰래 읽었던 시집이 잠들어 있던 내 기억을 일깨워주었습니다. 1991년에 출간된 조정권趙鼎權, 1949~ 시인의 《산정묘지》라는 시집이었습니다. 당시 사회참여적인 시들을 주로 읽었던 대학 분위기가 신경이 쓰였던가 봅니다. 나는 그 시집의 표지가 보이지 않도록 푸른색 표지를 덧입혔습니다. 격렬한 시위가 끝나면 친구들과 술을 마시러 가기보다 학교 뒤편 소나무가 우거진 숲 속에 들어가곤 했습니다. 그곳에서 나는 목마른 듯 조정권 시인의 시를 읽었습니다. 그 가운데 가장 기억에 남는 것이 〈독락당獨樂堂〉이라는 시입니다.

독락당獨樂堂 대월루對月樓는
벼랑 꼭대기에 있지만
예부터 그리로 오르는 길이 없다.
누굴까, 저 까마득한 벼랑 끝에 은거하며
내려오는 길을 부숴버린 이.

"홀로 즐거울 수 있는 집"의 "달을 바라보는 누각"을 보면서 시인은 깜짝 놀랐나 봅니다. 까마득한 벼랑 끝에 누각을 지어 올라갔던 누군가가 내려가는 사다리를 부숴버렸기 때문입니다. 세속과 단절하려는 굳은 기개가 세속에 찌든 우리의 마음을 서늘하게 합니다. 바로 이 시가 그때까지 잊고 지냈던 지리산 은하수의 이미지를 떠올리게 해주었습니다. 지금 생각해보면 무척 신기한 일입니다. 내 손에 어떻게 조정권 시인의 시집이 들어오게 되었는지. 만약 시인이 아니었다면, 나는 가슴에 품고 있던 상처와 같은 이미지를 되살려내지 못했을 겁니다. 만약 그랬다면 나는 철학자가 될 수 없었을지도 모릅니다. 아마 나는 이때 시가 가진 파괴력을 처음 느꼈던 것 같습니다. 오규원吳圭原, 1941~2007 시인이 말했던 것처럼 시는 '날이미지'를 던지면서 우리를 깨우기 때문입니다.

돌아보면 지리산에서 나를 엄습했던 두 가지 이미지도 어쩌면 시였는지도 모를 일입니다. 김수영 시인이 〈폭포〉라는 시에서 노래했던 것처럼, "곧은 소리는 곧은 소리를 부르는" 법입니다. 아찔한 고도감을 자랑하는 조정권 시인의 시는 나를 조그맣게 만들었던 푸른 하늘과 은하수의 이미지를 불러냈습니다. 이것은 지리산의 두 이미지가 시였다는 것을 보여주는 것 아닐까요? 역으로 말해도 좋을 것 같습니다. 만일 푸른 하늘과 은하수를 본 경험이 없었다면, 내가 조정권 시인의 시를 읽어낼 수 있었을까요? 아마 시인의 시는 내 안중에 없었을지도 모릅니다. 아! 그렇습니다. 시는 항상 너무 빨리 찾아들고, 항상 너무 늦게 읽히는 법입니다. 나는 가끔 말하곤 합니다. 시는 미래에 읽힐 숙명을 타고난 글이라고 말입니다. 다른 글들이 지금 읽고 이해되는 경향이 강하다면, 시는 우리 내면을 엄습하여 그 이미지를 각인시킵니다. 그리고 이렇게 상처처럼 남은 시는 아주 끈덕지게 기다립니다. 우리가 그 이미지를 다 이해할 수 있을 만큼 삶을 살아내기를 말입니다. 그래서 시를 빈 그릇에 비유할 수 있을지도 모르겠습니다. 우리가 살아가면서 채워야만 하는 빈 그릇 말입니다.

· 4 ·

문학수文學洙, 1961~ 기자를 아시나요? 그는 《경향신문》에서 클래식과 연극에 대한 좋은 글을 많이 쓰고 있습니다. 문화부장을 몇 차례 역임했기 때문에 주변 지인들은 보통 문 부장이라고 부릅니다. 문 부장은 개인적으로 내 클래식 선생님이기도 합니다. 가끔 내 책상에 시디 한 장을 툭 던져주고 가거나, 브람스와 말러를 이야기해주곤 하기 때문입니다. 어느 날 광화문 사무실에서 문 부장과 대화를 나눈 적이 있습니다. 나는 지리산에서 겪었던 경험을 이야기했습니다. 경청하던 문 부장은 자신에게도 삶을 결정하게 된 강렬한 이미지가 있다고 말했습니다. 문 부장이 중학교 2학년이었을 때로 거슬러 올라가는 일입니다. 학교를 마치고 집으로 가기 위해 버스를 탔다고 합니다. 자리가 없어서 어린 문학수는 버스 뒷좌석 근처로 가서 손잡이를 잡았습니다. 그 순간 창가를 말없이 바라보던 문학수의 귀에 뒷좌석에 나란히 앉아 있던 아버지와 아들의 대화가 들려왔습니다.

　힘없는 목소리로 아들은 아버지에게 말했습니다.
　"아빠! 너무 배고파."

그러자 아버지가 이야기합니다.

"조그만 참아라. 집에 가서 밀가루죽 끓여줄게."

어린 문학수는 고개를 돌려 그들을 볼 수가 없었다고 합니다. 자기도 모르게 눈물이 흘러내렸기 때문입니다. 그저 망연히 창밖을 볼 뿐이었습니다. 어린 시절부터 클래식 음악을 좋아했던 젊은 문학수에게 평생 떠안고 가야 할 '사회적 이미지'가 각인되는 순간이었습니다. 문 부장이 청년 시절 억압받는 사회적 약자들을 위해 헌신했던 것도 다 이유가 있었던 셈입니다. 그에게 각인된 억압의 이미지는 그가 채워야만 할 물그릇처럼 작용했으니까 말입니다.

아직도 문 부장은 클래식 음악을 좋아하는 고독한 기질과 불평등에 맞서는 사회 참여적 성향을 동시에 가지고 있습니다. 어쨌든 흥미로운 일 아닌가요? 지리산에서 얻은 이미지가 나로 하여금 철학자가 되라고 강제했던 것처럼, 버스 안에서 얻은 이미지가 문 부장을 기자로 만들었던 겁니다. 시처럼 다가온 이미지는 이처럼 중요한 겁니다.

2011년 3월 24일 저녁 9시쯤, 나는 구례로 가는 무궁화호 열차에 몸을 실었습니다. 상상마당에서 만난 제자들에게 소중한 추억을 안겨주기 위한 여행이었습니다. 나나 문 부장이 가지고 있는 그런 시와 같은 이미지를 제자들도 간직하기를 기대하며 추진한 여행이었지요. 그들에게 지리산의 은하수를 선사할 수 있을까? 어쩌면 은하수를 볼 수 없을지도 몰라. 그렇지만 밤하늘을 가득 채운 별들의 잔치에 초대할 수는 있으리라 기대했습니다. 다섯 시간 가까운 기차 여행이었습니다.

도중에 조치원역에서 김란 양까지 합류해서 전체 열여덟 명이 되었습니다.

3월 25일 새벽 2시쯤, 열여덟 명의 황당한 인간들이 마침내 구례구역에 도착했습니다. 지리산 성삼재에서 별을 보겠다는 일념 하나로 출발한 여행이었으니까요. 약간 당혹스러운 일도 있었습니다. 보통 이 시간쯤 구례구역 앞에는 택시가 장사진을 치고 있어야 합니다. 그런데 웬걸, 택시가 한 대도 없는 겁니다. 나중에 알았는데, 산불 예방을 위해 입산을 통제하는 바람에 등산객들이 없어서 그렇다고 하더군요. 어쨌든 우여곡절 끝에 택시 한 대와 15인승 승합차를 대절할 수 있었습니다. 속을 긁어대는 꾸불꾸불한 길을 수차례 지나 마침내 우리는 성삼재에 도착했습니다.

차에서 내려 밤하늘을 올려다보자 지리산의 서늘한 바람 속에 수많은 별들이 쏟아질 듯 우리를 반겼습니다. 다행스럽고 행복한 순간이었습니다. 그때까지만 해도 또 하나의 예기치 않은 행복이 우리를 맞이하리라고는 생각지도 못했습니다. 홍대 앞 북카페, 살롱 드 팩토리 salon de factory의 사장이자 문화기획자인 김우성 대표가 아름다운 현지 씨와 함께 찬바람이 휘모는 성삼재에서 우리를 반겨주었기 때문입니다. 김 대표는 살롱 드 팩토리에서 여행 계획을 듣고는 같이 가겠노라 했습니다. 그렇지만 바쁜 일정으로 실현되기 힘들 것이라고 생각했기 때문에 우리의 놀라움과 반가움은 두 배였습니다. 더군다나 김 대표가 타고 온 승용차는 따뜻한 산장 역할을 톡톡히 해냈지요. 별을 보느라 추위에 떠는 우리에게 온기를 제공했으니까 말입니다.

  이가 덜덜 부딪치는 추위에 떠밀려 우리는 구례구역으로 돌아 나왔습니다. 그리고 아침 첫차를 타고 서울로 향했습니다. 나는 모릅니다. 나를 제외한 열아홉 명의 아름다운 사람들이 성삼재에서 어떤 이미지를 품고 돌아왔는지. 그렇지만 나는 바랍니다. 그들이 평생 채워나가야 할 시와 같은 이미지를 얻었기를. 끝으로 성삼재 별보기 여행을 어머니처럼 살뜰히 챙겨준 강윤화 님, 그리고 나를 돌보느라 마음 편히 하늘 한번 올려다보지 못한 김서연 님에게 깊은 감사의 마음을 전합니다.

시 출처

이성복
앞날
《그 여름의 끝》, 문학과지성사, 1990

최승호
자동판매기
《고슴도치의 마을》, 문학과지성사, 1985

문정희
유방
《오라, 거짓 사랑아》, 민음사, 2001

고정희
밥과 자본주의-우리 시대 산상수훈
《모든 사라지는 것들은 뒤에 여백을 남긴다》, 창작과비평사, 1992

김행숙
포옹
《타인의 의미》, 민음사, 2010

채호기
애인이 애인의 전화를 기다릴 때
《손가락이 뜨겁다》, 문학과지성사, 2009

신동엽
진달래 山川
《누가 하늘을 보았다 하는가》, 창작과비평사, 1979

한용운
행복
《님의 침묵》, 미래사, 1991

김정환
스텐카라친
《하나의 2인무와 세 개의 1인무》, 푸른숲, 1993

백석
통영 統營
《백석 전집》, 실천문학사, 2003

김종삼
원정 園丁
《북치는 소년》, 민음사, 1979

함민복
우울氏의 一日 10
《우울氏의 一日》, 세계사, 1990

황병승
트랙과 들판의 별
《트랙과 들판의 별》, 문학과지성사, 2007

허연
나쁜 소년이 서 있다
《나쁜 소년이 서 있다》, 민음사, 2008